5 단계

★★★

2차 개정판

나의 생각 글쓰기

기초 문장력 **향상**의 길잡이

나의 생각 글쓰기의 구성

나의 생각 글쓰기에는 문장부터 시작하여 문단, 원고지 사용법, 일기, 생활문, 기사문, 설명문, 논설문, 독후감까지 다양한 내용이 실려 있습니다.

1 생활문

글감	영훈이에게 생일 선물을 주었다.
처음	① 친구들과 영훈이네 집에서 모였다.
가운데	② 친구들이 준비한 선물 가운데 내 것이 가장 형편없어 보였다.
	③ 영훈이에게 선물을 줄까 말까 망설였다.
끝	④ 내가 선물을 건네자, 영훈이는 맘에 든다며 좋아했다.
중심 생각	내 선물이 영훈이 마음에 들어서 다행이다.

2 기사문

(2) 다음 표의 내용으로 기사문을 쓰세요.

누가	사랑 초등학교 6학년 3반 학생들
언제	4월 17일
어디에서	교실에서
무엇을	'친구야, 우리 함께 밥 먹자'라는 프로그램
어떻게	학생들이 각자 집에서 밥과 반찬을 싸 와, 큰 그릇에 모두 넣고 비빔밥을 만들어 먹었다.
왜	학교 폭력을 예방하고, 친구들과의 우정을 쌓을 기회를 만들기 위해서.

3. 설명문

(7) 다음 자료를 바탕으로 '혈구의 종류와 역할'이라는 제목의 설명문을 쓰세요.

혈장	혈액에서 혈구를 제외한 액체 성분. 영양소와 노폐물 등 운반.
혈구	혈액의 고체 성분으로, 혈장 속에 떠다니는 세포. 적혈구, 백혈구, 혈소판이 있음.

	적혈구	백혈구	혈소판
모양	붉은색이며, 납작하고 가운데가 오목한 원반 모양.	적혈구보다 크며, 적혈구와는 다르게 모양이 다양함.	크기가 작으며 백혈구처럼 모양이 다양함.
역할	헤모글로빈이 몸의 각 부분에 산소를 나름.	몸에 침입한 세균이나 이물질을 없앰.	상처가 났을 때 피를 응고시켜 멎게 함.

4. 논설문

(4) (1) ~ (3)의 내용을 정리하여 '비만을 예방하자'라는 주제의 논설문을 쓰려고 합니다. 다음 표의 빈칸을 채우세요.

처음	① 비만과 어린이 비만의 뜻
가운데	② 패스트푸드 섭취를 줄이자
	③ 텔레비전을 보거나 컴퓨터를 사용하는 시간을 줄이자.
	④ 외식을 줄이고 아침밥을 꼭 챙겨 먹자.
끝	⑤ 어린이 비만의 위험을 알고 비만을 예방하자

5. 독후감

처음	책에 대한 소개
가운데	기억에 남은 부분 1 + 느낌이나 생각
	기억에 남은 부분 2 + 느낌이나 생각
	기억에 남은 부분 3 + 느낌이나 생각
끝	전체적인 느낌

여기서는 기억에 남은 부분을 세 개 쓰고 있습니다. 하지만 기억에 남은 부분을 두 개, 네 개 등 자유롭게 쓸 수 있습니다.

★ ★ ★
2차 개정판

나의 생각 글쓰기 목차

내 생각을 깊게 살피는 것이

내 표현을 확실히 하는 것이다.

- 폴 뉴먼(작가)

1과 문장 쓰기

1 문장 만들기

 다음과 같은 구조로 문장을 만드세요.

(1)

마치 ~ 처럼

밤하늘의 별이 마치 보석처럼 반짝인다.

(2)

비록 ~ (하)더라도

비록 성적이 바로 오르지 않더라도 꾸준히 공부하겠다.

(3)

아마 ~ (일) 것이다.

내일은 아마 눈이 올 것이다.

(4)

만약 ~ (하)다면

만약 복권이 1등에 당첨된다면 불우한 이웃을 도울 것이다.

(5)

반드시 ~ (해)야 한다.

곱셈을 하려면 반드시 구구단을 외워야 한다.

(6)

왜냐하면 ~ 때문이다.

외출 후에는 손을 씻자. 왜냐하면 세균에 감염될 수 있기 때문이다.

2 짧은 글 짓기

 다음 밑줄 친 낱말을 이용해 짧은 글을 지으세요.

⑴ 찬미는 절대 거짓말을 하지 않기로 했다.

_____

⑵ 수영이는 수영을 전혀 못 한다.

_____

⑶ 배가 고파서 도저히 참을 수 없었다.

_____

⑷ 선우는 좀처럼 화를 내지 않는다.

_____

⑸ 실패는 결코 부끄러운 일이 아니다.

_____

3 반복되는 표현

 문장을 쓸 때, 같거나 비슷한 말을 반복하면 문장이 어색해질 수 있습니다. 반복되는 말을 피하여 자연스럽게 고쳐 쓰세요.

- 1월달 → 1월('월(月)' 자가 '달'을 뜻하는 말입니다.)
- 생일날 → 생일('일(日)' 자가 '날'을 뜻하는 말입니다.)
- 역전앞 → 역전('전(前)' 자가 '앞'을 뜻하는 말입니다.)
- 동해 바다 → 동해('해(海)' 자가 '바다'를 뜻하는 말입니다.)

(1) 우리나라에서는 생일날에 미역국을 먹는다.

_____

(2) 올여름에는 동해 바다로 여행을 가기로 했다.

_____

(3) 5월달도 하루밖에 안 남았다.

_____

(4) 나는 어머니와 함께 역전앞에서 할머니를 기다렸다.

_____

> 태준이의 성격은 활발한 성격이다.
>
> 태준이의 성격은 활발하다.
> _____

(5) 이 영화는 안중근 의사의 일대기를 그린 영화다.

_____

(6) 이번에 소개할 책의 제목은 〈며느리의 방귀〉라는 제목이다.

_____

(7) 설날에는 윷놀이를 주로 하고, 단오에는 그네뛰기를 주로 하며, 추석에는 강강술래를 주로 한다.

_____

_____

(8) 동해에서는 오징어, 명태 등이 많이 나고, 서해에서는 조기와 각종 조개류 등이 많이 나며, 남해에서는 멸치, 전복 등이 많이 난다.

_____

2과 문단 쓰기

1 문단이란?

문단은 문장이 여러 개 모여서 이루어진 글입니다. 한 문단 안에는 중심 생각 (글을 통해 전하려는 생각)을 하나만 씁니다.

조상들은 여러 물건을 이용해 더운 여름을 이겨 냈다. 부채나 죽부인을 이용해 땀을 식혔다. 그리고 바람이 잘 통하는 삼베나 모시로 옷을 지어 입었다.

▶ 잘 쓴 문단
(중심 생각을 하나만 썼습니다.)

조상들은 여러 물건을 이용해 더운 여름을 이겨 냈다. 부채나 죽부인을 이용해 땀을 식혔다. 조상들은 겨울을 이겨 내기 위해 따뜻한 옷을 만들었다. 짐승의 가죽과 털로 옷을 지어 입었다.

▶ 잘못 쓴 문단
(중심 생각을 두 개 썼습니다.)

(1) 다음 중 잘 쓴 문단을 고르세요.

①
개미는 철저한 분업 생활을 한다. 여왕개미는 알을 낳고, 일개미는 애벌레와 번데기를 돌본다. 수개미는 여왕개미와 짝짓기를 하여 알을 생산한다.

②
개미는 철저한 분업 생활을 한다. 여왕개미는 알을 낳고, 일개미는 애벌레와 번데기를 돌본다. 수개미는 여왕개미와 짝짓기를 하여 알을 생산한다. 개미의 몸은 머리, 가슴, 배로 나눌 수 있다. 머리에는 더듬이가 한 쌍, 가슴에는 다리가 세 쌍 있다.

문단을 시작할 때는 앞에 한 칸을 비웁니다. 그리고 문단이 바뀌면 줄을 바꾸어, 한 칸을 비우고 씁니다.

	초가는 볏짚이나 갈대 등을 엮어 지붕을 만든 집이다. 단열과 보온에 좋
으	나, 여름철에는 벌레가 생기고 화재의 위험성이 높은 것이 단점이다.
	기와집은 흙을 구워서 만든 기와로 지붕을 덮은 집이다. 튼튼하고 보온이
잘	되나, 비싸다는 단점이 있다.

(2) 다음 중 바르게 쓴 문단을 고르세요.

①	물은 우리 삶에 다양하게 이용된다. 마시는 것은 물론 음식 만들기, 설거지, 몸 씻기 등을 할 때에도 물이 필요하다. 그뿐 아니라 가축을 기르거나 농작물을 키우는 데에도 있어야 하며, 우리가 물놀이를 할 때에도 사용된다. 　물은 깨끗한 정도에 따라 4등급으로 나뉜다. 1급수는 냄새가 안 나고, 가장 깨끗한 물로 사람이 마실 수 있다.

②	물은 우리 삶에 다양하게 이용된다. 마시는 것은 물론 음식 만들기, 설거지, 몸 씻기 등을 할 때도 물이 필요하다. 　그뿐 아니라 가축을 기르거나 농작물을 키우는 데에도 있어야 하며, 우리가 물놀이를 할 때에도 사용된다. 　물은 깨끗한 정도에 따라 4등급으로 나뉜다. 1급수는 냄새가 안 나고, 가장 깨끗한 물로 사람이 마실 수 있다.

2 중심 문장

중심 생각을 담고 있는 문장을 '중심 문장'이라고 합니다. 중심 문장은 문단을 대표하는 문장입니다. 중심 문장 하나와, 뒷받침 문장 여러 개로 문단이 이루어집니다.

┌--→ 중심 문장

계절에 따라 즐기는 김치의 종류가 다르다. 봄에는 나박김치, 달래김치 등을, 여름에는 오이소박이, 열무김치 등을 만들어 먹는다. 그리고 가을에는 고추김치, 갓김치 등을, 겨울에는 배추김치, 동치미 등을 즐겨 먹는다.

└--→ 뒷받침 문장

 다음 글을 읽고, 중심 문장에 밑줄을 그으세요.

(1)
절기나 명절에 따라 먹는 음식이 다르다. 설날에는 떡국, 만두, 식혜 등을, 정월 대보름에는 오곡밥과 나물, 부럼(땅콩, 호두, 잣 등) 등을 먹는다. 그리고 추석에는 송편, 토란탕 등을, 동지에는 팥죽, 수정과 등을 즐겨 먹는다.

(2)
놀부는 심술궂고 욕심이 많다. 부모님이 돌아가시자 재산을 혼자 다 차지하고, 동생 흥부를 내쫓았다. 흥부가 제비의 다리를 고쳐 주고 얻은 박씨로 부자가 되자, 놀부는 제비의 다리를 부러뜨려 박씨를 얻어 냈다.

다음 문단의 중심 문장을 쓰세요.

(3)

_____. 일회용품을 만들기 위해서는 많은 자원이 쓰인다. 그리고 버려진 일회용품은 자연 분해되는 데 오랜 시간이 걸리며, 그 과정에서 환경 오염이 발생한다. 편리하다는 이유로 쉽게 쓰고 버리는 일회용품 때문에 지구가 병들고 있다.

(4)

_____. 왜냐하면 용돈은 부모님께서 힘들게 일하셔서 버신 돈을 우리에게 주신 것이기 때문이다. 나는 용돈을 아껴 쓰기 위해 4학년 때부터 용돈 기입장을 적고 있다. 그랬더니 돈을 꼭 필요한 곳에만 사용하여, 용돈을 아끼게 되었다.

(5)

_____. 숲은 공기 중의 오염 물질을 흡수하고 산소를 내보낸다. 그리고 물을 저장했다가 천천히 흐르게 하여 홍수와 가뭄의 피해를 줄여 준다. 또, 정신을 맑게 하며 마음의 안정을 주는 등 우리에게 많은 도움을 준다.

3 뒷받침 문장

중심 문장을 도와 내용을 자세히 써 주는 문장들을 '뒷받침 문장'이라고 합니다. 한 문단에 뒷받침 문장은 여러 개 쓸 수 있습니다.

 다음 문단에서 불필요한 뒷받침 문장을 찾아 밑줄을 그으세요.

(1)
고모는 나의 가장 든든한 상담자다. 부모님께 말씀드리기 곤란한 고민거리나 친구와의 문제가 생기면 나는 고모와 이야기를 나눈다. 고모와 이야기를 나누다 보면 내 문제가 무엇인지 알게 되고 해결 방법도 찾게 된다. 대학생인 우리 고모는 정말 예쁘다.

(2)
개구리는 보호색을 이용해 몸을 보호한다. 주변과 비슷한 색으로 몸의 빛깔을 바꾸어 천적의 눈을 속인다. 초록 식물이 많은 곳에 사는 개구리는 초록색, 나무나 갈색 돌이 많은 곳의 개구리는 갈색을 띤다. 개구리는 나방, 거미, 메뚜기 등의 곤충을 먹는다.

(3)
놀이 공원에는 재미있는 놀이 기구가 많이 있다. 나는 작년에 부모님과 함께 바닷가로 놀러 갔다. 회전목마는 주로 어린아이들이 탄다. 하늘 높이 치솟았다가 다시 땅으로 푹 꺼져 기분을 서늘하게 하는 바이킹은 모든 사람에게 인기 있는 놀이 기구다.

3과 원고지 사용법

1. 원고지 처음 부분

2. 문장 부호

3. 교정 부호

원고지 쓰는 방법 안내

- → 한 줄 비웁니다.
- → 제목은 둘째 줄 가운데에 씁니다.
- → 학교 이름 뒤로 2칸 비웁니다.
- → 학년, 반, 이름 뒤로 2칸 비웁니다.
- → 본문 시작 전에 한 줄을 비웁니다.
- → 문단이 시작하면 한 칸을 비우고 씁니다.
- → 새 문단이 시작하면 다시 한 칸을 비우고 씁니다.

원고지 내용

```
            '철새'를 읽고
        서울 대한 초등학교
        5학년 6반 박민수

 평소에 하늘을 날아다니는 새가 부러
웠다. 그래서 이 책 제목을 보자마자
읽고 싶은 생각이 들었다.
 우리나라에 날겟짓으로 날아다니는 철
새가 두루미는 북쪽으로 겨울을 지내고
날아왔다.
```

* 철새: 계절(철)에 따라서 사는 곳을 옮겨 다니는 새.
* 날갯짓: 새가 날개를 벌려서 아래위로 움직이는 짓.

(1) 다음 글을 원고지 사용법에 맞게 옮겨 쓰세요.

그릇 만들기

○○ ○○ 초등학교(자신이 다니는 학교) 5학년 ○반 ○○○(자신의 이름)

학교에서 오지그릇을 만들었다. 먼저 진흙으로 모양을 만들어 볕에 말렸다.

① 마침표(.)나 쉼표(,)는 한 칸에 쓰고, 다음 칸을 비우지 않습니다. 말줄임표
(……)는 한 칸에 3개씩 쓰고, 그다음 칸에 마침표를 씁니다.

눈	은		크	고	,	코	는		오	똑
하	고	,	입	은		작	고	…	…	.

② 원고지 끝에서 띄어 써야 할 때는 ∨표시를 합니다. 글자와 마침표가 원고지
끝에 올 때는 같은 칸에 씁니다(또는 원고지 여백에 마침표를 씁니다).

강	우	가		나	를		보	더	니	∨
손	을		흔	들	며		뛰	어	왔다.	

③ 큰따옴표(" ")나 작은따옴표(' ')가 들어간 말을 쓸 때는 첫 칸은 비우고, 둘째
칸에 따옴표를 씁니다. 원고지 맨 끝에서는 글자와 마침표, 따옴표를 같은 칸에
씁니다(또는 원고지 여백에 마침표와 따옴표를 씁니다).

	"정	은	아	,	학	교		가	자".

④ 물음표나 느낌표는 한 칸을 차지합니다. 그런데 원고지 맨 끝에서 따옴표와
함께 쓸 때는 같은 칸에 씁니다.

	"여	름	에		눈	이		온	다
면		얼	마	나		좋	을	까	?"

(1) 위에서 배운 내용을 바탕으로 다음 문장을 원고지에 옮겨 쓰세요.

"자장면, 짬뽕 중에서 뭐 먹을래?"라고 말하며 누나가 나를 바라보았다. "음......, 나는 둘 다 먹고 싶은데?"라고 말하며, 누나를 향해 미소 지었다. "알았어. 그럼, 넌 둘 다 먹어. 대신 남기면 안 된다."라고 말하는 누나는 정말 천사 같았다.

3 교정 부호

교정 부호	쓰임	쓰임의 예	
		고치기 전	고친 뒤
∨	띄어 쓸 때	기분 좋은하루	기분 좋은 하루
⌒	붙여 쓸 때	존경 하는 인물	존경하는 인물
○	한 글자를 고칠 때	공 봉부하러 가다	공부하러 가다
⌐	줄을 바꿀 때	화를 냈다. "왜 그러는 거야?"	화를 냈다. "왜 그러는 거야?"
∽	줄을 이을 때	소리가 들렸다.	소리가 들렸다.
⌴	여러 글자를 고칠 때	맛있게 마싣게 먹었다.	맛있게 먹었다.
=	글자를 삭제할 때	아름다운 운 우리나라	아름다운 우리나라

다음 문장의 틀린 부분을 교정 부호를 이용하여 고치세요.

(1) 표준 어는 한 나라의 표준이 되는 말이다.

(2) 예전에 어머니는 무척젊고 예쁘셨다.

(3) 할라버지께서 나를 아나 주셨다.

4과 편지

1 사과 편지

편지는 상대방에게 안부나 소식 등을 전하려고 쓴 글입니다. 고맙거나 미안한 마음을 표현할 때 말보다 편지를 쓰면 더 효과적으로 전할 수도 있습니다. 여기서는 '사과 편지'를 쓰는 방법에 대해 살펴봅니다.

사과 편지를 쓸 때는 다음 두 가지를 기억합니다.
① 내가 잘못한 행동을 하게 된 까닭을 씁니다.
② 상대방의 입장이 되어 그 마음을 생각하며 씁니다.

 다음 글을 읽고 질문에 답하세요.

사랑하는 어머니께
어머니, 저 가은이에요.
　아까 낮에 어머니께 화내서 죄송해요. 학교에서 친구와 말다툼을 해서 화가 많이 났었거든요. 뾰로통해 있는 저를 보시고 어머니께서 걱정되어 이것저것 물어보신 건데, 저는 짜증이 났어요. 그래서 어머니께 화를 내며 방문을 쾅 닫고 제 방으로 들어가 버렸어요. ㉠

　방에 들어와 많이 후회했어요. 그런데 쑥스러워서 어머니께 죄송하다고 바로 말씀드리지 못했어요. ㉡

무척 속상하셨죠?

다음부터는 아까처럼 버릇없이 어머니께 화내지 않을게요.

죄송합니다. 어머니.

ⓒ

2000년 ○월 ○○일

딸 가은 올림

(1) 이 글을 보낸 사람과 받는 사람은 누구인가요?

　① 보낸 사람: _____　　　② 받는 사람: _____

(2) 글쓴이의 잘못이 드러난 부분은 ㉠~㉢ 가운데 어디인가요?

　㉠　　　　　　　　㉡　　　　　　　　㉢

(3) 어머니께 죄송한 마음을 편지로 쓴 까닭을 표현한 부분은 어디인가요?

　㉠　　　　　　　　㉡　　　　　　　　㉢

(4) 상대방의 입장이 되어 그 마음을 생각한 부분은 어디인가요?

　㉠　　　　　　　　㉡　　　　　　　　㉢

⑸ 여러분도 부모님께 잘못한 행동을 한 적이 있을 거예요. 가은이가 쓴 편지를 흉내 내어 부
모님께 사과 편지를 쓰세요.

2 승리야, 미안해

 다음 글을 읽고 물음에 답하세요.

승리는 우리 반에서 가장 인기 있는 친구다. 노래도, 운동도 잘하고 개그맨처럼 말도 재미있게 한다. 게다가 친구들을 잘 도와주고 학급의 궂은일에도 늘 앞장선다.

승리는 4학년 때 전학을 왔다. 은우네와 같은 아파트, 그것도 바로 옆집으로 이사 오면서 승리는 은우와 단짝이 되었다. 은우 역시 운동과 노래를 좋아하며, 성격이 밝고 씩씩하여 친구들에게 인기가 많다. 닮은 점이 많은 두 사람은 금세 친해졌다.

그런데 5학년이 되어 같은 반이 된 뒤부터, 은우는 승리가 예전처럼 편하지 않다. 왜냐하면, 은우는 아이들이 자신보다 승리를 더 좋아한다고 생각하여 질투가 났기 때문이다. 그동안 축구나 농구 등 운동을 할 때면 아이들은 은우와 한편이 되길 바랐고, 반 대표로 달리기나 장기 자랑을 나가야 할 때도 언제나 은우가 뽑혔다. 그런데 이제는 친구들이 승리와 한편이 되길 바라고, 승리를 대표로 뽑는 아이들이 더 많아졌다. 그럴 때마다 은우는 속상하고 승리가 얄밉다는 생각까지 들었다.

어느 날, 하굣길에 은우는 함께 있던 친구들에게 말했다.

"승리가 저번 학교에서는 말썽을 많이 일으켰나 봐."

"에이, 말도 안 돼. 저렇게 착한 승리가 무슨 말썽을 일으켜?"

"아냐, 승리랑 같은 학교 다닌 아이한테 들었어. 승리가 친구들을 때리고, 거짓말도 잘해서 모두 싫어했다던데……."

"정말? 그럼, 그래서 전학 온 거래?"

"음. 나도 들은 이야기라, 그것까지는 잘 몰라."

그날 밤, 은우는 저녁도 안 먹고 일찍 잠자리에 들었다. 하지만 거짓말을 했다는 죄책감에 밤새 잠을 이루지 못했다.

이튿날, 은우는 무거운 마음으로 교실 문을 열었다.

"설마, 승리가 그랬을 리 없어."

"야냐, 진짜래. 지금은 일부러 착한 척하는 건가 봐."

"그렇게 안 봤는데, 승리 정말 무서운 아이네. 조심해야겠어."

몇몇 아이들이 수군거렸다. 은우는 자신이 거짓말을 했다고 솔직하게 말하고 싶었지만, 용기가 나지 않았다. 그러면 아이들이 모두 자기를 싫어할 것만 같았다.

며칠 지나자 승리에 대한 소문은 잠잠해졌다. 수군거리던 아이들도 예전처럼 승리와 잘 지냈다. 그동안 은우는 승리뿐 아니라 다른 친구들과도 어울리지 못했다.

"은우야, 같이 가자."

하굣길에 승리가 부르며 달려왔다. 은우는 얼굴이 화끈거렸다.

"은우야, 내가 너한테 잘못한 일이 있으면 말해 줄래? 너, 나한테 화가 난 것 같아. 내가 고칠 테니 우리 예전처럼 다시 친하게 지내자."

은우는 자신이 한 일이 부끄러워 말없이 땅만 보고 걸었다.

저녁 내내 은우는 아무것도 할 수 없었다. 잘못은 자기가 했는데 오히려 미안해하던 승리의 얼굴이 머릿속에서 맴돌았기 때문이다.

'가장 친한 친구인 내가 거짓 소문을 냈다는 걸 알면, 승리는 얼마나 서운할까. 미안해서 어쩌지? 사과하면 승리가 나를 용서해 줄까?'

은우는 지금이라도 승리와 친구들에게 솔직히 말하고 용서를 구해야겠다고 생각했다.

(1) 은우는 어떤 잘못을 했나요?

_____

_____

(2) 은우가 잘못된 행동을 한 까닭은 무엇인가요?

_____

_____

(3) 여러분이 은우라면 어떻게 하였을까요?

_____

_____

(4) 여러분도 은우처럼 친구에게 잘못된 행동을 한 적이 있다면, 어떤 일인지 간단히 쓰세요.

_____

_____

(5) 은우는 승리에게 편지를 쓰기 전에, 내용을 정리해 보았습니다. 아래 표를 보고 여러분이 은우가 되어, 승리에게 사과 편지를 쓰세요.

사과하는 사람	은우
사과받는 사람	승리
잘못한 일	승리가 전에 다녔던 학교에서 말썽을 많이 일으켜서 우리 학교로 전학을 왔다고 거짓말을 했다.
그 일을 한 까닭	아이들이 나보다 승리를 더 좋아한다는 생각에 질투가 났다. 그래서 속상한 마음에 거짓말을 했다.
사과하는 내용	정말 미안하다. 내가 친구들에게 승리에 대해 거짓말을 했다고 솔직히 말해야겠다.
상대방의 마음을 헤아리는 내용	승리는 아무 잘못이 없는데 이상한 소문이 나서 화도 나고 많이 속상했겠다. 더군다나 가장 친한 친구인 내가 그런 소문을 냈으니 얼마나 서운했을까.

⑥ 여러분도 친구에게 잘못한 일이나 사과할 일이 있을 거예요. 사과할 친구를 떠올려 보고,
진심을 담아 편지를 쓰세요.

3 인터넷 게시판에 글을 써요

요즘에는 편지뿐 아니라 이메일이나 휴대 전화 문자 메세지 등을 통해서도 소식이나 안부를 주고받습니다. 인터넷 게시판을 통해서는 생각이나 느낌을 공유하고, 의견이나 제안을 올리기도 합니다.

다음은 소담이가 학급 누리집 게시판에 올린 '제안하는 글'입니다.

▲ 이전 글 │ ▼ 다음 글
일주일에 한 번씩 짝을 바꿔 주세요.
정소담 4월 8일 16:20
조회 수 25 │ 추천 수10

선생님께

선생님, 안녕하세요? 정소담입니다.

새 학기가 시작된 지 벌써 한 달이 지났어요. 그런데 아이들이 아직 서먹서먹하여 인사도 하지 않는 경우가 있어요. 그러다 보니 학급에 활력이 없는 것 같아요. 그래서 선생님께 부탁드릴 말씀이 있어요.

일주일에 한 번씩 짝을 바꾸면 좋겠어요.

짝을 자주 바꾸면 자연스럽게 친구를 사귈 수 있어요. 친구들끼리 서로 친하면 수업 시간에도 더욱 적극적으로 참여하여 학교생활이 더 즐거울 거예요.

선생님과도 행복한 5학년을 보내도록 노력할게요.

선생님, 항상 건강하세요.

우측 설명 라벨:
- 제목
- 글 쓴 사람, 날짜, 시간
- 받는 사람
- 첫 인사
- 문제 상황
- 제안하는 내용
- 제안하는 까닭
- 끝인사

(1) 여러분도 학급에 제안하고 싶은 것을 아래 게시판에 작성하세요. 소담이가 쓴 글처럼 '문제 상황, 제안하는 내용, 제안하는 까닭'을 넣어 쓰세요.

▲ 이전 글 ∣ ▼ 다음 글				
		(		)
	( )월 ( )일 ( ):( )			
조회 수 ∣ 추천 수				

5과 생활문

1 생활문이란?

생활문은 내가 생활 속에서 겪은 일을 쓴 글입니다. 일기는 오늘 있었던 일 가운데에서 하나를 골라 쓰지만, 생활문은 언제 있었던 일이든 상관없이 쓸 수 있습니다.

지금까지 내가 살면서 겪은 일 가운데 '기억에 남은 일'을 하나 고르면, 그것이 생활문의 '글감'입니다. 그리고 내가 그 일을 겪으며 느끼거나 생각한 것이 '중심 생각'입니다.

 다음 글을 읽고 물음에 답하세요.

운동장 세 바퀴

지난 토요일, 학교 운동장에서 반 친구들과 야구를 했다.

시작한 지 얼마 되지 않아 우리 팀 4번 타자 민호가 홈런을 날렸다. 우리는 환호성을 지르며 공이 날아가는 것을 보았다. 그러나 "쨍그랑" 하는 소리에 일순간 얼굴이 모두 일그러졌다. 교실 유리창이 깨진 것이다. 우리는 선생님께 꾸중 들을 일을 걱정하며 운동장 한쪽에 모여 있었다.

드디어 선생님들 가운데에서 가장 무섭다는 5학년 7반 선생님께서 나타나셨다.

"야! 너희, 야구 잘하는구나. 그런데 홈런은 누가 날렸냐?"

우리는 아무 말도 못 한 채 서 있었다.

"괜찮아, 운동하다가 유리창을 깰 수도 있지 뭐. 너희 모두 책임지고 유리창 끼워라. 알았지?"

의외로 관대하신 선생님 덕분에 우리는 안심했다. 그런데 모두 책임을 지라니……. 나는 선생님께 따지듯이 여쭸다.

"선생님, 유리창은 민호가 깼는데 왜 우리 모두 책임져요?"

내 말을 들으신 선생님의 표정이 달라지셨다.

"너희도 윤수랑 같은 생각이냐?"

아이들 모두 입을 꼭 다물고 서 있었다.

"모두 뛰어. 운동장 세 바퀴!"

우리는 어리둥절하여 그 자리에 서 있었다.

"안 뛰어? 빨리 뛰어!"

영문을 알 듯도, 모를 듯도 한 상태에서 운동장을 세 바퀴 돌았다. 그리고 다시 모여 서 있었다. 선생님께서는 다소 화가 누그러지신 듯한 얼굴로 우리 앞에 서셨다.

"어떠냐? 운동장을 돌고 나니까 뭘 잘못 생각했는지 알겠어? 아까 윤수가 말한 책임은 책임이 아니야. 함께 야구를 하다가 잘못을 했으면 당연히 모두 같이 책임을 져야지. 유리창을 깬 사람만 잘못한 거고 혼자만 책임을 져야 하니? 그렇게 이기적인 마음으로 어떻게 의리 있는 친구들이 되겠어?"

그제야 선생님께서 화를 내신 이유를 알았다. 내 생각만 했던 게 부끄러워 얼굴이 빨개졌다. 우리는 모두 기어들어 가는 목소리로 말했다.

"알겠습니다. 선생님."

헤어지면서 나는 민호에게 미안하다고 사과했다. 민호는 자기도 그 같은 상황이었다면 그렇게 생각했을 거라며 웃었다. 우리는 돈을 똑같이 나눠 유리창 값을 물기로 했다.

　지금 생각해 보면 부끄럽기도 하고 우습기도 한 일이었지만, 친구 간의 의리를 깨달을 수 있는 좋은 경험이었다.

(1) 이 글의 '글감'과 '중심 생각'으로 가장 알맞은 것에 동그라미 하세요.

글감	① 민호가 홈런을 날렸다.	(	)
	② 선생님들 가운데 5학년 7반 선생님이 가장 무섭다.	(	)
	③ 야구를 하다가 유리창을 깨뜨린 책임을 민호에게 미루어서 선생님께 벌을 받았다.	(	)
중심 생각	① 학교에서 야구를 하면 안 된다.	(	)
	② 친구 간의 의리를 깨달았다.	(	)
	③ 야구를 할 때는 유리창을 깨뜨리지 않도록 조심해야 한다.	(	)

생활문은 '처음, 가운데, 끝' 부분으로 나누어 쓸 수 있습니다. 각 부분에 들어갈 내용을 정리하면 다음과 같습니다.

처음	① 언제, 어디서, 누구와 있었던 일인지 드러납니다.
가운데	② 사건이 펼쳐집니다.
	③ 사건이나 인물의 갈등이 가장 심해집니다.
끝	④ 인물 간의 갈등이 해소되며, 사건이 마무리됩니다.

앞에서 읽은 '운동장 세 바퀴'를 예로 들어 보겠습니다.

처음	① 지난 토요일, 학교 운동장에서 친구들과 야구를 했다.
가운데	② 민호가 홈런을 쳐서 유리창을 깨뜨렸다.
	③ 선생님께 민호의 책임이라고 하자, 선생님께서 벌을 주셨다.
끝	④ 선생님의 말씀을 들으며 친구 간의 의리를 깨닫고 민호에게 사과했다.

다음 글을 읽고 물음에 답하세요.

약속

지난 일요일이었다. 오전 10시에 놀이터에서 동주와 만나 지원이네 집에 가기로 했다. 그런데 전날 늦게까지 게임을 해서 늦잠을 자고 말았다. 나는 밥도 먹는 둥 마는 둥 하고 서둘러 놀이터로 달려갔다. 평소 같으면 전화를 하여 화를 냈을 동주인데 그날따라 전화도 하지 않았다.

결국, 약속 시각에서 30분이 지나 약속 장소에 도착했다. 그런데 동주가 보이지 않았다. 나는 화가 나서 동주에게 전화를 걸었다.

"야! 한동주. 너 왜 이렇게 늦어?"

"응, 나 지원이네 집에 벌써 와 있어."

동주는 차분한 음성으로 말하고는 전화를 끊었다. 나는 무척 기분이 나빴다. 전화를 끊고 지원이네 집으로 달려갔다.

"성훈아, 어서 와!"

반겨 주는 지원이와 달리 동주는 시큰둥해 보였다. 우리 셋은 함께 수영장에 갈 계획이었다. 하지만 동주의 기분도 안 좋아 보였고, 나도 좀 화가 났던 터라 계획을 미루었다. 그래서 게임을 좀 하다 헤어졌다.

동주와 함께 집으로 걸어가는데 왠지 서먹서먹한 기분이 들었다. 가장 친한 친구인 동주와 멀어진 듯한 느낌도 들어서 마음이 불편했다.

"동주야, 너 오늘따라 왜 그래? 무슨 일 있어?"

"……."

동주는 잠시 대답이 없더니 이윽고 말을 꺼냈다.

"성훈아, 너 왜 약속을 안 지키니?"

"내가 무슨 약속을 안 지켰는데?"

"오늘 늦었잖아."

"겨우 30분인데."

"그 30분 동안 길에서 서 있는 나는 생각 안 하니? 그리고 오늘만이 아니야. 넌, 약속 시각을 잘 지키지 않았어."

'아, 그래서 시큰둥했구나. 내가 약속을 안 지킨 것 때문에……'

곰곰이 생각해 보니 내가 약속을 어긴 적이 여러 번 있었다. 늘 5분, 10분, 때로는 갑자기 못 나간다며 약속을 취소한 적도 있었다.

"사실 내가 혼자 서 있어서 힘든 것보다, 너에 대한 믿음이 깨지는 게 더 걱정되고 힘들어."

이 말을 듣는 순간 가슴이 덜컹 내려앉았다.

"정말 미안해! 다음부터는 절대 그런 일이 없을 거야. 내가 약속할게."

동주에게 진심으로 사과했다. 이 일로, 가까운 친구 사이일수록 약속을 잘 지켜야 한다는 걸 깨달았다. 그래서 그날 이후로는 약속 장소에 10분 먼저 나가는 습관이 생겼다.

(1) 윗글을 읽고 만든 표입니다. 빈칸을 채우세요.

글감	① (　　　　　　　) 시각에 늦어서 친구에게 (　　　　　　　)을 잃을 뻔했다.
처음	② 동주를 만나 지원이네 집에 함께 가려고 (　　　　　　　)에 갔다.

가운데	③ 내가 늦는 바람에 (　　　　　)가 먼저 지원이네 집에 갔다.
	④ (　　　　　)으로 돌아가는 길에 동주의 (　　　　　)이 나빠 보여서 그 까닭을 물었다.
끝	⑤ 내 잘못을 깨닫고 동주에게 (　　　　　)했다.
중심 생각	⑥ 가까운 (　　　　　) 사이일수록 (　　　　　)을 잘 지켜야 한다는 걸 깨달았다.

 다음은 성훈이가 쓴 생활문입니다.

민규야, 미안해!

"아이스크림 내기다!"

수업을 마치고 친구들과 아이스크림 내기 농구를 했다. 나와 민규가 각 팀의 주장이 되어 편을 갈랐다.

나는 반드시 민규를 이기고 싶었다. 그런데 경기 시간이 1분밖에 안 남았는데도 점수는 여전히 동점이었다.

"이쪽으로 줘!"

나는 넘겨받은 공을 가지고 골문으로 달려가 공을 넣었다.

우리 팀이 앞섰다. 그런데 내가 넣은 공이 떨어지자마자 민규가 낚아챘다. 민규가 공을 골문에 던지려고 할 때였다.

나는 민규를 힘껏 밀쳤다. 우리는 둘 다 넘어졌다. 순식간에 벌어진 일이었다. 나는 금방 일어났지만, 민규는 쉽게 일어나지 못했다.

"민규야, 괜찮아?"

"응, 괜찮아! 우리 팀이 졌다!"

민규가 웃으며 일어났다. 그런데 민규의 무릎이 까져 있었다.

"우리가 졌으니까, 아이스크림 사 줄게!"

민규는 아이들을 이끌고 가게로 갔다. 그런데 다리가 아픈지 절뚝거렸다. 우리 팀이 이겨서 아이스크림을 먹게 됐지만, 나는 전혀 기쁘지 않았다. 정정당당한 승부가 아니었고, 이기려는 내 욕심 탓에 민규가 다쳤기 때문이었다. 민규는 내가 일부러 밀쳤다는 걸 모르는 듯, 계속 밝게 웃었다.

집으로 돌아가면서도 민규는 계속 다리를 절뚝거렸다.

나는 저녁 내내 민규가 걱정되어 아무 일도 못 했다.

'다리를 많이 다쳤으면 어쩌지? 병원에 가서 치료는 받았을까?'

민규에게 전화하고 싶었지만, 원망을 들을까 봐 겁이 났다. 나는 미안함과 죄책감에 마음이 무거워 밤새 잠을 설쳤다.

다음 날 아침, 밥도 먹는 둥 마는 둥 하고 서둘러 집을 나왔다. 그리고 민규네 집까지 달려갔다. 조금 기다리니까 민규가 가방을 메고 나왔다.

"민규야!"

나는 민규에게 다가갔다. 민규는 아직도 다리가 조금 불편해 보였다.

"어! 성훈아, 어쩐 일이야?"

"다리는 괜찮아? 걱정이 돼서 왔어."

"아, 괜찮아. 조금 아프긴 해도 걸을 만해."

민규를 보니 그제야 조금 안심이 되었다.

"그 가방 이리 줘. 내가 들어 줄게."

나는 괜찮다는 민규의 말을 못 들은 척했다. 그리고 민규 가방과 내 가방을 앞뒤로 멨다. 가방은 무거웠지만, 마음은 날아갈 듯 가벼웠다.

"민규야, 미안해! 나 때문에 다친 거잖아. 내가 밀지만 않았어도……."

"아니야, 서로 부딪힌 건데 뭘. 하루만 지나면 다 나을 거야."

민규는 나를 바라보고 환하게 웃었다. 오히려 나를 위로해 주는 민규를 보니 더욱 미안한 마음이 들었다. 그리고 민규처럼 멋진 친구를 잃고 싶지 않았다. 민규와 걸으며, 앞으로는 친구와 지나치게 경쟁하거나, 친구를 앞서려고 욕심내는 행동은 하지 않겠다고 다짐했다.

(2) 성훈이는 위의 생활문을 쓰기 전에 아래와 같이 표를 만들었습니다. 빈칸을 채우세요.

글감	농구를 하다가 민규를 밀쳐서 다치게 했다.
처음	① 민규와 내가 각각 주장이 되어 아이스크림 내기 농구 시합을 했다.
가운데	② ③
끝	④
중심 생각	

대화 쓰기

1. 대화를 쓰면 글을 생동감 있게 표현할 수 있습니다. 대화는 첫 칸을 비우고, 큰따옴표(" ") 안에 씁니다.

	수학 시험에서 만점 맞은 나를 보고 동생이 깜짝 놀라며 대단하다고 말했다.

↓

	수학 시험에서 만점 맞은 나를 보고 동생이 깜짝 놀라며,
○	"우와! 형, 정말 대단하다."
하	고 말했다.

첫 칸을 → 비웁니다.

2. 대화를 연결하여 쓸 수도 있습니다.

	수학 시험에서 만점 맞은 나를 보고 동생이 깜짝 놀라며 대단하다고 말했다. 나는 어깨를 으쓱거리며 별거 아니라고 대답했다.

↓

	수학 시험에서 만점 맞은 나를 보고 동생이 깜짝 놀라며
말	했다.
○	"우와! 형, 정말 대단하다."
○	"뭐, 별거 아니야."
	나는 어깨를 으쓱거리며 우쭐대었다.

첫 칸을 → 비웁니다.

3. 혼잣말을 이용하면 생각이나 느낌을 잘 표현하여 재미있게 쓸 수 있습니다. 첫 칸을 비우고, 작은따옴표(' ') 안에 씁니다.

재연이가 새 게임기를 자랑했다. 나는 그 게임기에서 눈을 떼지 못하고 속으로 무척 부러워했다.

↓

첫 칸을 →
비웁니다.

	재연이가 새 게임기를 자랑했다.
○	'텔레비전에서 광고하는 거네? 나도 저거 갖고 싶다.'
	나는 재연이의 게임기에서 눈을 뗄 수가 없었다.

 대화를 넣어 아래의 글을 자연스럽게 고쳐 쓰세요.

(1)
머리를 자르고 학교에 갔더니, 준희가 내 머리 모양을 보고 예쁘다고 말했다. 나는 이상할까 봐 걱정했다고 대답하고 활짝 웃었다.

(2)　형이 장난을 치다가 손으로 내 얼굴을 쳤다. 나는 아프다고 소리 지르며 형에게 화를 냈다. 형은 웬 엄살이 그렇게 심하냐며 오히려 구박했다.

(3)　내가 제일 아끼는 초록색 모자가 보이지 않았다. 그래서 언니에게 물어보았다. 언니는 내 눈치를 보며, 전에 쓰고 나갔다가 그만 잃어버렸다고 말했다.

혼잣말을 넣어 다음 글을 자연스럽게 고쳐 쓰세요.

(4) 아버지께서 무섭게 나를 쳐다보셨다. 나는 아무 말도 못 하고 속으로 일찍 들어오지 않은 걸 후회했다.

(5) 교실 창문에 빗방울이 똑똑 떨어졌다. 나는 우산을 가져오지 않은 것을 떠올리며 비를 쫄딱 맞을 생각에 얼굴을 찌푸렸다.

 대화와 혼잣말을 적절히 넣어 다음 상황을 실감 나게 표현하세요.

(6) 거울을 보다가 얼굴에 난 여드름이 많이 이상하냐고 누나에게 물어보았다. 누나는 웃으면서 잔뜩 씨가 박힌 딸기 같다며 놀렸다. 괜히 물어서 속만 상했다.

(7)

내 일기장을 더럽혀서 동생에게 화를 내자, 동생이 큰 소리로 울기 시작했다. 그 소리를 듣고 달려오신 어머니께서 나만 혼내셨다. 정말 억울했다.

4 자세히 쓰기

다음은 소영이가 겪은 일입니다. 여러분이 소영이라고 생각하고 대화나 혼잣말을 넣어 다음 글을 자세히 꾸며 쓰세요.

> (1) 지난주 토요일, 어머니 심부름으로 고모 댁에 갔다. (2) 집으로 돌아가려고 버스를 기다리고 있는데 저만치에 지갑이 떨어져 있었다. 지갑 안에는 5만원이 있었다. (3) 엉겁결에 지갑을 들고 버스를 탔다. 집으로 향하는 내내 마음이 불편했다. (4) 버스에서 내려 경찰서로 달려가 경찰관 아저씨께 주운 지갑을 드렸다.

(1) 고모 댁에 가서는 무엇을 했나요?

러	지난주 토요일이었다. 어머니 심부름으로 고모 댁에 갔다. 나는 어머니가 주신 꾸러미를 고모께 전해 드렸다.
	"우리 소영이가 수고가 많았네! 고모가 맛있는 거 해 줄게."
	나는 사촌 언니와 함께 고모께서 만들어 주신 떡볶이와 피자를 먹었다.

(2) 지갑을 줍고 나서 어떤 행동을 했나요?

다	집으로 돌아가려고 버스 정류장에 서 있는데 저만치에 검은색 물건이 떨어져 있었다.

(3) 지갑을 들고 버스에 탔을 때 어떤 기분이었고, 어떤 생각이 들었나요?

버스가 도착했다. 나는 엉겁결에 지갑을 들고 버스에 올랐다.

(4) 경찰관 아저씨께 지갑을 드리고 나서 어떤 기분이 들었나요?

5 생활문 쓰기

(1) 여러분이 겪은 일 가운데 힘들었거나, 즐거웠거나, 슬펐던 일을 떠올려 보세요. 그중 기억에 남은 일을 하나씩 쓰세요.

겪은 일	힘들었던 일	
	즐거웠던 일	
	슬펐던 일	

(2) 위에서 떠올린 '글감' 가운데 하나를 골라 표를 완성하세요.

글감	
처음	①
가운데	② .... ③

끝	④
중심 생각	

(3) 위에서 만든 표를 바탕으로 생활문을 쓰세요.

6과 기사문

1 기사문이란?

기사문은 우리에게 유익한 정보나, 알릴 만한 가치가 있는 사건이나 사실 등을 전달하기 위해 쓴 글입니다.

기사문은 육하원칙(누가, 언제, 어디에서, 무엇을, 어떻게, 왜)에 따라, 알기 쉽고 자세히 씁니다.

 기사를 읽고, 빈칸을 채워 질문에 답하세요.

달빛 초등학교 5학년 김은빈
전국 태권도 대회에서 금메달

지난 5월 26일, 경상남도 함양군 공설 운동장에서 열린 전국 초등학교 태권도 대회에서, 달빛 초등학교 5학년 김은빈 학생이 금메달을 차지했다.

김은빈 학생은 지역 태권도 대회에서 우승을 차지하여 이번 전국 대회에 출전하게 되었다. 이번 대회에서 입상을 목표로 김은빈 학생은 날마다 세 시간씩 꾸준히 연습해 왔다. 심사위원들은 김은빈 학생의 다부진 체격과 순발력, 기술력을 높이 평가하며, 한국 태권도를 이끌어 갈 유망주로 기대했다.

경기 후 나눈 인터뷰에서 김은빈 학생은 "꾸준히 노력하여 국가 대표 선수가 되는 것이 목표다."라고 당찬 포부를 밝혔다.

(1) 누가, 언제, 어디서, 무슨 일을 하였나요?

달빛 초등학교 5학년 (   ) 학생이 지난 (   )월 (   )일 (

)에서 열린 전국 초등학교 태권도 대회에서 (   )을 땄다.

(2) 은빈이가 전국 초등학교 태권도 대회에 나갈 수 있게 된 까닭은 무엇인가요?

(   )에서 (   )을 차지해서.

(3) 은빈이는 평소에 어떻게 노력했나요?

날마다 (   )씩 꾸준히 연습해 왔다.

산들 초등학교 5학년
인터넷 사용 실태조사

　산들 초등학교 선생님들은 4월 1일부터 2주일 동안 5학년 각 반 교실에서 학생들의 인터넷 사용 실태를 조사하였다. 설문지를 통한 이번 조사에서는 학생들의 인터넷 사용 목적과 사용 분야, 인터넷 활용의 영향 등에 대해 알아보았다. 이 조사는 학생들이 인터넷을 바르게 이용하도록 지도하는 데 자료로 활용하기 위한 것이다.

산들 초등학교 학생들의 인터넷 사용 목적은 온라인 게임 57%, 자료 검색 18%, 채팅 10%, 학습 8% 등의 순으로 나타났다. 인터넷 사용 분야에 관한 조사에서도 온라인 게임에 가장 많이 이용하는 것으로 조사됐다. 또, 인터넷 활용의 영향에 관한 조사에서는 학습이나 대인관계 등에서 긍정적인 영향을 받는 것으로 나타났다. 반면, 사용 시간의 절제력 부족, 인터넷 중독, 욕설 사용 등의 부정적 영향도 드러났다.

(4) 위 기사 내용을 아래 표에 정리하세요.

누가	
언제	
어디에서	
무엇을	
어떻게	( )를 통해 학생들의 ( ) 등에 대해 알아보았다.
왜	학생들이 ( )을 바르게 이용하도록 ( )하는 데 ( )로 활용하기 위해서.

2 기사문 쓰기

 '독서 골든벨' 대회 기사와 관련하여 정리한 내용입니다.

누가	경기도 평택 평화 초등학교
언제	지난 10월 15일
어디에서	학교 운동장
무엇을	5학년 학생을 대상으로 '독서 골든벨' 대회
어떻게	학교에서 제시한 도서 두 권을 한 달 동안 읽은 뒤, 선생님들이 낸 문제를 맞히는 방식.
왜	학생들의 독서 능력을 점검하고, 독서를 장려하기 위해서.

 다음은 '독서 골든벨'에 참가한 강주은 학생의 인터뷰 내용입니다.

"한 달 동안 책을 두 권이나 읽어야 한다는 게 너무 힘들었어요. 하지만 책을 읽고 나니, 뭔가 해 냈다는 성취감이 생겼고, 독서 퀴즈를 통해 책 내용을 더 잘 이해할 수 있게 되었어요. 이번 기회를 통해 책 읽는 재미를 조금은 느낄 수 있게 되어 기뻐요."

(1) 앞의 자료를 바탕으로 기사문을 쓰세요.

평화 초등학교, '독서 골든벨' 대회 개최	

7과 설명문

1 설명문이란?

설명문은 어떤 지식이나 정보를 읽는 사람이 쉽게 이해하도록 쓴 글입니다.

설명문을 쓸 때는 있는 그대로의 사실을 분명하게 표현합니다. 또, 쉬운 말로 풀어서 쓰고, 개인의 감정이나 주장이 들어가지 않도록 주의합니다.

설명문은 처음, 가운데, 끝으로 구성됩니다. 처음 부분에는 설명 대상을 제시하고, 가운데 부분에는 대상을 쉽게 알려 주고, 끝 부분에는 내용을 요약합니다.

 다음 글을 읽고 물음에 답하세요.

세계의 전통 가옥

나라마다 전통 가옥의 모양이 다르다. 기후나 지형이 나라마다 달라, 그 지역에서 얻기 쉬운 재료를 사용해 집을 짓기 때문이다.

우리나라의 전통 가옥은 '한옥'이다. 한옥은 흙과 돌, 나무 등을 이용해 짓는다. 흙을 구워 만든 기와를 지붕에 얹고, 벽은 흙, 바닥은 돌, 마루는 나무를 주로 사용한다. 따뜻한 온돌과 시원한 마루가 있는 한옥은 사계절이 뚜렷한 우리나라 기후에 알맞다.

몽골에서는 '게르'라는 집을 짓는다. 몽골의 전통 유목민들은 넓은 초원지대에서 가축을 키우며 떠돌아다니는 생활을 해 왔다. 그러다 보니 이동하기 편리한 집이 필요했다. 게르는 나무로 뼈대를 만들고, 그 위에 천을 덮은 집으로, 빠르고 간편하게 지을 수 있다.

북극 지역의 사람들은 눈과 얼음을 이용해 집을 짓는다. 북극에서는 얼음과 눈은 쉽게 구하지만, 나무와 돌은 구하기 어렵기 때문이다. '이글루'라고 부르는 이 집은 얼음으로 지었지만, 바람을 막아 주어 집 안은 따뜻하다.

베트남이나 태국 등 열대 지역에서는 물 위에 집을 짓기도 한다. 이 지역 사람들은 강이나 바다에서 고기를 잡으며 모여 살았기 때문에 이러한 '수상 가옥'을 주로 지었다. 덥고 습한 열대 기후에서, 수상 가옥은 모기 같은 해충을 막아 주기도 하고 무더위를 피하는 효과도 있다.

세계 여러 나라 사람들은 그 지역의 기후와 재료에 따라 다양하게 집을 짓는다. 전통 가옥을 보면 그 지역의 환경을 더 잘 이해할 수 있다.

(1) 윗글은 여섯 문단으로 이루어졌습니다. 각 문단의 중심 내용을 빈칸에 쓰세요.

처음	나라마다 전통 가옥의 모양이 다르다.
가운데	①
	②
	③
	④
끝	⑤

⑵ 아래 표를 참고하여, '여러 지역의 생활 모습'에 대한 설명문을 완성하세요.

처음		지역마다 사람들의 생활 모습이 다르다.
가운데	해안 지역	고기잡이나 양식업을 한다. 물이 깨끗하고 경치가 좋은 곳은 해수욕장으로 이용한다.
	평야 지역	농사를 짓거나 가축을 기른다. 옛날부터 많은 사람이 모여들어 도시가 발달했다.
	산간 지역	약초, 버섯, 채소 등을 재배한다. 눈이 많이 오는 곳에 스키장을 세우는 등 관광 시설을 개발한다.
끝		사람들은 각 지역의 자연환경을 이용하면서 살아간다.

지역마다 사람들의 생활 모습이 다르다.

해안 지역은 바닷가에 자리 잡은 곳이다. 사람들은 주로 고기잡이나 양식업을 한다. 물이 깨끗하고 경치가 좋은 곳은 해수욕장으로 이용한다.

평야 지역은 땅이 넓고 평평한 곳이다. 사람들은 주로 농사를 짓거나 가축을 기른다. 옛날부터 많은 사람이 모여들어 도시가 발달했다.

사람들은 각 지역의 자연환경을 이용하면서 살아간다.

2 비교와 대조법

설명문의 가운데 부분에서는 여러 설명 방법을 사용하여 대상을 자세히 설명합니다. 대상에 알맞은 설명 방법을 활용하면 설명문을 더 효과적으로 쓸 수 있습니다. '비교'는 두 대상의 공통점, '대조'는 두 대상의 다른 점을 쓰는 방법입니다.

(1) 다음 글을 읽고, 아래 표의 빈칸을 채우세요.

> 설명문과 논설문의 짜임은 서론(처음), 본론(가운데), 결론(끝)의 세 부분으로 이루어졌다는 공통점이 있다.
>
> 차이점도 있다. 설명문은 읽는 사람을 이해시키는 것이 목적이므로, 자신의 의견을 쓰지 않고 쉽고 간결한 문장으로 표현한다. 반면, 논설문은 상대방을 설득하는 것이 목적이므로, 자신의 의견을 뚜렷이 나타내고 강하고 분명한 문장을 사용한다.

		설명문	논설문
공통점		서론, 본론, 결론의 세 부분으로 이루어졌다.	
차이점	글 쓰는 목적	읽는 사람을 이해시키기.	①
	자신의 의견	②	③
	문장	쉽고 간결한 문장.	④

(2) 다음 표를 보고, 농구와 핸드볼을 비교, 대조하여 쓰세요.

		농구	핸드볼
공통점		① 공을 사용하는 운동 경기다. ② 여러 명이 한 팀을 이루고, 전·후반으로 나누어 경기한다.	
차이점	선수	5명	7명
	경기 시간	전반과 후반 각 20분이다.	전반과 후반 각 30분이다.
	골키퍼	없다	있다

3 분류법

'분류'는 대상을 일정한 기준에 따라 나누어 설명하는 방법입니다. 같은 대상이라도 어떤 기준으로 분류하느냐에 따라 내용이 달라집니다.

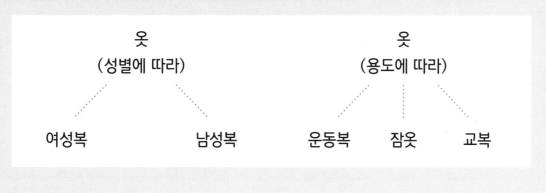

(1) 다음 글을 읽고, 표의 빈칸을 채우세요.

> 우리 조상들은 자연에서 얻은 재료를 이용해 그릇을 만들었다. 만든 재료에 따라, 흙으로 빚어서 구운 옹기, 놋쇠를 녹여서 만든 유기, 나무를 깎아서 만든 목기 등으로 나눌 수 있다.

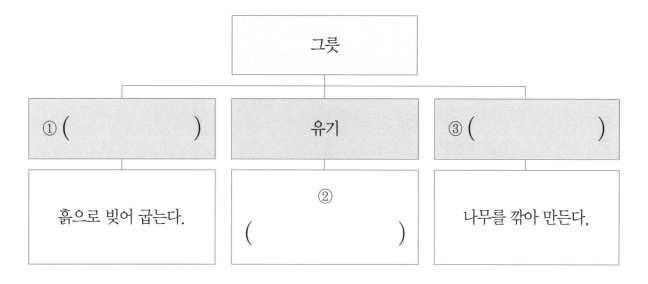

(2) 악기를 분류한 표입니다. 표를 참고하여 악기에 대하여 설명하는 글을 완성하세요.

악기		
관악기	현악기	타악기
입으로 불어서 소리를 낸다.	줄을 퉁기거나 활로 켜서 소리를 낸다.	손이나 채로 두드려서 소리를 낸다.
대금, 피리	가야금, 바이올린	북, 탬버린

	악기는 연주 방법에 따라 관악기, 현악기, 타악기로 나눌 수 있다. 관악기는

4 분석법

'분석'은 전체를 여러 부분으로 나누어 설명하는 방법입니다. 복잡한 대상을 하나 하나 자세히 설명할 때에 쓰입니다.

(1) 다음 자료를 보고 '나무'를 분석하여 각 부분이 하는 일을 설명하세요.

뿌리	나무를 지탱해 준다. 나무에 필요한 물을 흡수하고, 잎에서 만든 영양분을 저장한다.
줄기	뿌리와 잎을 연결하며, 물과 양분을 이동한다.
잎	광합성을 하여 나무에 필요한 영양분을 만든다. 또, 산소를 내뿜고 이산화탄소를 흡수한다.

* 광합성: 식물이 햇빛을 받아 스스로 필요한 양분을 만드는 일.

나무는 뿌리, 줄기, 잎으로 구성되어 있다.

(2) 다음 글을 읽고, 시곗바늘을 분석하여 설명하세요.

초침: 안녕? 나는 초를 나타내는 바늘이야. 몸도 아주 날씬하지. 시곗바늘 중에서 제일 바빠. 내가 작은 눈금 한 칸을 지날 때마다 1초가 흐르지. 그렇게 열심히 한 바퀴를 돌면 60초가 지난단다. 그러면 그걸 알고 분침이 한 칸 움직이지.

분침: 초침아, 너만큼은 아니지만 나도 바빠. 내가 시계 한 바퀴를 돌면 60분이 지나. 그러면 1시간이 지난 걸 알고 시침이 한 칸 움직인단다.

시침: 난 너무 지루해! 분침이 한 바퀴 돌 때까지 꼼짝없이 기다려야 하거든. 하루는 24시간이니 난 온종일 시계를 두 번밖에 못 돌아.

시계에는 초침, 분침, 시침 세 개의 바늘이 있다. 초침은 초를 나타내는 바늘이다.

5 시간 과정 설명법

일이 어떻게 진행되었는지 그 과정을 설명하는 방법을 과정 설명법이라고 합니다. 시간의 흐름에 따라 설명하는 '시간 과정 설명법'과 움직인 장소에 따라 설명하는 '공간 과정 설명법'이 있습니다.

(1) 다음은 아프리카의 성자로 불렸던 의사 '슈바이처'의 일생을 간단히 나타낸 표입니다. 그의 일생을 시간의 흐름에 따라 설명하세요.

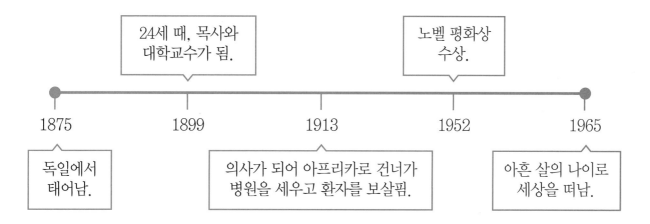

	24세 때, 목사와 대학교수가 됨.		노벨 평화상 수상.	
1875	1899	1913	1952	1965
독일에서 태어남.		의사가 되어 아프리카로 건너가 병원을 세우고 환자를 보살핌.		아흔 살의 나이로 세상을 떠남.

아

슈바이처는 1875년 독일에서 태어났다. 처음부터 의사가 되기 위해 공부를 한 건 아니었다. 1899년 24살 때, 목사와 교수가 되어 활동했다.

(2) 다음 그림과 설명을 보고, '나비의 한 살이'를 설명하는 글을 쓰세요.

짝짓기를 끝낸 암컷이 식물의 잎이나 가지에 알을 낳는다.	일주일 정도 지나면 애벌레가 알 껍질을 찢고 밖으로 나와서, 껍질을 갉아 먹는다.

7일 정도 지나면 성충이 된다. 성충이 된 나비는 꽃의 꿀 등을 먹고 살아간다.	애벌레는 고치를 만들어 그 속에서 산다. 이때 날개와 더듬이가 생기면서 점차 어른 벌레의 몸이 되어 간다.

나비는 '알, 애벌레, 번데기, 성충'의 시기를 거쳐 성장한다.

6 공간 과정 설명법

강물은 여러 과정을 거쳐 수돗물이 된다.

먼저 취수장에서 강물을 끌어들인다. 이때 강한 힘으로 물을 빨아들이기 때문에 돌멩이나 유기물이 함께 들어온다. 이 물은 침사지로 옮겨져 무거운 고체 물질과 분리된다. 여기에서 무거운 물질은 가라앉히고 윗부분의 물은 흘려보낸다. 그래도 부유물들이 섞여 남아 있다. 혼화지에서는 이 부유물을 가라앉히기 위해 물에 약품을 넣어 침전지로 보낸다. 침전지에서는 부유물을 가라앉혀 물이 분리되면 맑은 윗물만 여과지로 보낸다. 약품으로 제거되지 않은 물질은 여과지에서 걸러진다. 자갈이나 모래로 채워진 통에 물을 통과시켜 남아 있는 이물질을 여과지에서 깨끗이 제거하여, 마지막으로 염소 살균실로 보낸다. 이곳에서는 물에 남아 있는 세균을 죽이기 위해 염소 기체를 넣는다. 염소는 물을 살균, 소독한다. 이렇게 여러 과정을 거쳐 정화한 물을 정수지에서 모아 각 가정으로 공급한다.

* 유기물: 생명체를 이루는 물질.
* 부유물: 물 위나 물속, 공기 중에 떠다니는 물질.

(1) 수돗물이 생산되는 과정입니다. 빈칸을 채우세요.

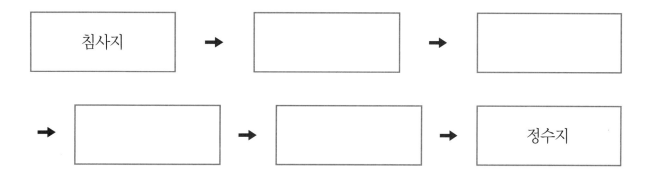

⑵ 다음 자료를 보고, 옷이 만들어지는 과정을 설명하세요.

회사	여러 사람이 모여 어떤 옷을 만들지, 디자인 · 옷감 등은 어떻게 정할지 함께 회의하여 결정한다.

↓

공장	회의에서 결정된 내용으로 공장에 주문한다. 공장에서는 회사에서 주문한 대로 옷을 만든다.

↓

도매 시장	회사는 완성된 옷을 도매 시장에 판다. 도매 시장에서 옷을 대량으로 구매해 소매상(동네 옷 가게)에 판다.

↓

옷 가게	옷 가게 주인은 도매 시장에서 사 온 옷을 소비자에게 판매한다.

옷이 우리에게 전달되기까지는 여러 단계를 거친다. 먼저 회사에서

7 자료 보고 설명하기

(1) 다음 자료를 보고 '물의 등급'을 설명하는 글을 쓰세요.

등급	특징	물고기의 종류
1급수	가장 맑고 깨끗한 물. 냄새가 나지 않으며 간단한 정수 처리 후 먹을 수 있다.	버들치, 가재, 어름치, 열목어, 금강모치 등.
2급수	비교적 맑은 물. 수영이나 목욕을 할 수 있다.	피라미, 쏘가리, 은어, 다슬기 등.
3급수	황갈색의 탁한 물. 흙과 모래와 자갈이 섞여 있다.	붕어, 잉어, 메기, 뱀장어, 미꾸라지 등.
4급수	심하게 오염된 물.	물고기가 살 수 없다.

물은 깨끗한 정도에 따라 4등급으로 나뉜다.

(2) 다음 글을 읽고, 아래 표를 완성하세요.

자전

우리가 달리기, 축구, 줄넘기를 하듯이 지구도 끊임없이 운동하고 있다. 다만, 우리가 그 움직임을 느끼지 못할 뿐이다. 지구의 운동은 크게 자전과 공전으로 나뉠 수 있다.

자전은 지구가 스스로 한 바퀴 도는 것이다. 지구는 약 23.5도 기울어진 상태로 하루에 한 바퀴씩 돈다. 지구가 한 바퀴 자전하는 데 걸리는 시간은 24시간이다. 즉, 하루는 지구가 한 바퀴 자전하는 데 걸리는 시간인 셈이다. 밤과 낮이 생기는 이유도 지구가 자전하기 때문이다. 지구는 서쪽에서 동쪽으로 돌기 때문에, 해가 동쪽에서 떠서 서쪽으로 지는 것처럼 보인다.

지구는 이렇게 혼자 돌면서 또한 태양 주위를 돈다.

자전의 뜻	①
자전하는 방법	②
지구가 한 바퀴 도는 데 걸리는 시간	③
지구에 끼치는 영향	낮과 밤이 생긴다.

(3) 앞 글 '자전'을 흉내 내어, 다음 자료를 바탕으로 지구의 '공전'에 대해 설명하세요.

공전의 뜻	지구가 태양 주위를 한 바퀴 도는 것.
공전하는 방법	지구는 약 23.5도 기울어진 채 자전하며 태양 주위를 돈다.
태양을 한 바퀴 도는 데 걸리는 시간	약 365일(1년)
지구에 끼치는 영향	사계절이 생긴다.

공전
우리가 운동을 하듯이 지구도 '자전'과 '공전'이라는 운동을 하고 있다.

8 바다가 주는 이로움

 다음은 원태와 아버지가 나누는 대화입니다.

아버지: 원태야, 바다를 보니까 무슨 생각이 드니?

원　태: 마음이 탁 트이고 시원해요. 그런데 저 넓은 바다가 육지라면 얼마나 좋을까요?

아버지: 글쎄, 그건 바다의 이용 가치에 대해 잘 몰라서 하는 소리야. 바다가 얼마나 쓸모가 많은데. 바다는 우리가 살고 있는 지구 전체 면적의 약 70%를 차지할 만큼 넓단다. 그래서 바다를 잘 이용하면 큰 이익을 얻을 수 있지. 우리가 바다를 이용해 얻는 이로움에는 뭐가 있을까?

원　태: 음, 배를 타고 여행을 하거나, 물건을 실어 날라요.

아버지: 그리고 또 뭐가 있지?

원　태: 고기를 잡을 수 있어요.

아버지: 그렇지. 바다에는 어류 자원이 많단다. 바다는 모든 생명체의 집이야. 지구에서 살아가는 전체 생물 종의 90%가 바다에 살고 있어. 눈에 잘 보이지 않는 박테리아부터 어마어마하게 큰 긴수염고래까지, 수많은 생물체가 거대한 생태계를 유지하고 있지. 그러니 바다는 미래 식량 자원의 보고라고 할 수 있지.

원　태: 맞아요. 생선이나 조개, 해조류 등은 맛도 좋고 영양가도 높잖아요. 지구 생물 종의 90%나 살고 있다니, 바다가 정말 놀라워요.

아버지: 아직 놀라기엔 일러. 우리는 바다에서 에너지 자원을 만들어 내지. 바다의 밑바닥에는 석유나 천연가스가 많이 묻혀 있단다. 이것들을 뽑아내어

우리 생활에 필요한 에너지로 쓸 수 있지. 또 밀물과 썰물의 차이를 이용하여 전기를 얻기도 한단다. 이것을 조력 발전이라고 하지. 화력 발전소나 원자력 발전소에서 공해와 쓰레기를 배출하는 것과는 달리, 조력 발전소에서는 오염 물질을 배출하지 않아. 그래서 환경을 오염하지 않는다는 장점도 있지. 이러한 대체 에너지는 영구적으로 쓸 수 있으니, 미래의 에너지로 안성맞춤이겠지?

원　태: 우와. 우리에게 꼭 필요한 전기 에너지를 바다에서 얻는다니, 바다를 보호하고 소중히 생각해야 할 것 같아요.

아버지: 또 우리는 바다를 어떻게 이용하고 있을까?

원　태: 글쎄요. 잘 모르겠어요.

아버지: 잘 생각해 보렴. 작년 여름에 우리 가족이 어디로 피서를 갔지?

원　태: 아, 우리는 바다를 휴식처로 이용할 수 있어요. 무더운 여름이 되면 사람들은 더위를 피하고 가족과 즐겁게 지내기 위해 바다로 떠나요. 그리고 바다에서 수영을 하거나 보트를 타고 놀면서 휴가를 즐겨요.

아버지: 그렇지. 우리 원태가 잘 말해 주었네. 그리고 바다를 잘 이용한다면 더 많은 이로움을 얻을 수 있겠지? 이처럼 우리 생활에 큰 도움을 주는 바다는 무엇과도 바꿀 수 없는 소중한 보물이란다.

원　태: 아버지 말씀을 듣고 나니까, 삼면이 바다로 둘러싸인 우리나라는 참 복받은 나라라는 생각이 들어요. 그리고 저 결심했어요. 앞으로 바다 자원을 연구하고 개발하는 과학자가 되겠어요.

아버지: 바다는 그 이용 가치가 무궁무진하니까, 삼면이 바다인 우리나라의 특성을 살린다면 우리의 미래는 훨씬 밝아지겠지. 우리 원태가 과학자가 되어 멋지게 해낼 걸 아빠도 기대할게.

(1) 원태와 아버지의 대화 내용으로 다음 표를 정리하려 합니다. 빈칸을 채우세요.

처음	우리가 바다를 이용해 얻는 이로움은 여러 가지가 있다.
가운데	어류 자원을 얻는다.
	①
	②
끝	우리 생활에 큰 도움을 주는 바다는 무엇과도 바꿀 수 없는 소중한 보물이다.

(3) 앞에서 작성한 표의 내용으로 설명문을 쓰세요.

바다가 주는 이로움

8과 논설문

1 논설문이란?

논설문은 다른 사람을 설득하기 위해 쓴 글입니다.

논설문을 쓸 때는 어떤 사실에 대해 문제를 제기하고, 그 문제에 관한 주장과 근거를 드러냅니다. 주장이란 어떤 문제에 대해 내세우는 '의견'이며, 근거란 주장을 뒷받침해 주는 '까닭'입니다.

주장	길에 쓰레기를 함부로 버리지 말자.
근거	길이 더러워지고 세균이 번식할 위험이 있다.

(1) 다음 두 편 중에서 주장과 근거가 잘 드러난 글을 고르세요.

①

길을 걷다 보면 쓰레기를 함부로 버리는 사람을 보게 된다. 쓰레기통이 코앞에 있는데도 아무렇지 않게 길바닥에 버린다. 그런 사람들을 보면 화가 난다. 모두 함께 이용하는 길을 왜 더럽힐까? 길에 쓰레기를 함부로 버리는 사람은 도로를 이용하지 못하게 하면 좋겠다.

②

길을 걷다 보면 쓰레기를 함부로 버리는 사람을 보게 된다. 길에 함부로 쓰레기를 버리면 안 된다. 길이 더러워져 보기에 좋지 않고, 벌레가 생겨 세균이 번식할 위험이 있기 때문이다. 자신만 편하려고 쓰레기를 길에 버리면 여러 사람이 불편을 겪는다. 쓰레기는 길이 아닌 쓰레기통에 버리자.

2 주장과 근거

 다음은 승현이가 어머니와 나눈 대화입니다. 잘 읽고 질문에 답하세요.

승　현: (소파에 앉아 책을 보며 히죽히죽 웃고 있다.)

어머니: 승현아, 무슨 책인데 그렇게 재미있게 보니?

승　현: 〈한자 도깨비〉라는 책이에요. 도깨비가 위험에 처했을 때, 한자를 찾아
　　　　읽으면 신비한 힘이 생겨 악당을 물리친다는 내용이에요.

어머니: (책을 보며) 승현아, 그런데 이거 만화책이네?

승　현: 네. 지금 도깨비가 한자를 잘못 읽어서 악당에게 잡힐 뻔했어요.

어머니: (한숨을 쉬며) 승현아, 만화책을 보는 건 좋지 못한 독서 습관이야.

승　현: (이상하다는 듯이) 어머니, 학습 만화는 공부에도 도움이 돼요.

어머니: 학습 만화는 이야기가 흥미 위주이고 대사가 짧아서, 깊이 생각하는 습관
　　　　을 기르기 어렵단다. 그러니까 학습에 도움이 되지 않아.

승　현: 그렇지 않아요. 학습 만화는 원리를 재미있게 설명해 주어서 내용을 쉽게
　　　　이해할 수 있어요. 그리고 상상력을 키우는 데도 도움이 돼요.

⑴ 승현이가 읽고 있는 〈한자 도깨비〉는 어떤 종류의 책인가요?

① 동화책　　　　　② 과학책　　　　　③ 그림책　　　　　④ 만화책

⑵ 〈한자 도깨비〉에 대해 어머니와 승현이의 주장이 다릅니다. 뒷장에 어머니의 주장과 근거
　　를 정리해 놓았습니다. 여러분은 승현이의 주장과 근거를 정리하세요.

주장(어머니)	학습 만화는 공부에 도움이 되지 않는다.
근거	이야기가 흥미 위주이고 대사가 짧아서, 깊이 생각하는 습관을 기르기 어렵다.

주장(승현)	
근거	

 다음은 찬미가 겪은 일입니다. 잘 읽고 질문에 답하세요.

얼마 전, 식당에서 겪은 일이다. 식당 입구 쪽에서 사람들이 실랑이하는 소리가 들렸다. 뒤를 돌아보니, 안내견을 동반한 시각장애인이 식당에 들어서려 하고 있었다. 이를 알아차린 식당 주인은 자리가 없다며 이들의 출입을 막았다. 식당에는 빈자리가 있었다. 하지만 주인은 식당에 개를 데려오면 어쩌냐고 화를 냈다. 결국, 시각장애인은 안내견과 함께 쫓겨나다시피 식당을 나갔다. 나는 그 모습을 보고 무척 마음이 불편했다.

(3) 찬미가 마음이 불편했던 까닭은 무엇인가요?

⑷ 찬미는 음식점에서 있었던 일을 곰곰이 생각해 보았습니다. 그리고 아래의 근거로 논설문을 썼습니다. 빈칸을 채워 글을 완성하세요.

근거	① 안내견을 동반한 시각장애인의 출입을 막는 행위는 법으로 금지하고 있다.
	② 안내견을 동반한 시각장애인의 출입을 막는 것은 장애를 지녔다는 이유로 '차별'하는 행위이다.

안내견을 동반한 시각장애인의 음식점 출입을 막아서는 안 된다

며칠 전, 식당에서 겪은 일이다. 안내견을 동반한 시각장애인이 음식점에 들어서자 주인이 이들의 출입을 막았다. 나는 안내견을 동반한 시각장애인의 음식점 출입을 막아서는 안 된다고 생각한다.

우리 사회는 장애인과 비장애인이 함께 만들어 나간다. 건강한 사회를 만들려면 나와 다른 사람을 인정하고, 배려하는 태도를 지녀야 한다. 안내견과 시각장애인이 음식점을 자유롭게 출입하는 일은 건강한 사회로 가는 출발점이다.

3 논설문의 짜임

논설문은 어떤 주제에 관해 주장과 근거를 내세워 상대방을 설득하는 글입니다. 상대방을 설득하려면 개인적인 감정이 아니라, 사실을 바탕으로 하여 논리적으로 글을 써야 합니다. 그리고 서론, 본론, 결론의 짜임에 맞게 글을 쓰면 주장을 더욱 효과적으로 전달할 수 있습니다.

서론	주장을 밝힌다.
본론	주장에 대한 근거(또는 주장을 실천하는 방법)를 제시한다.
결론	내용을 요약하고 주장을 강조한다.

다음은 승현이가 '서론, 본론, 결론'의 짜임에 맞게 쓴 논설문입니다.

> 요즘 아이들은 학습 만화책을 즐겨 본다. 한자, 수학, 역사 등 다양한 과목이 학습 만화책으로 나와 있다. 이러한 학습 만화를 읽는 것은 우리에게 도움이 된다. **서론**
>
> 첫째, 재미있게 공부할 수 있다. 학습 만화는 어려운 내용을 쉽게 이해할 수 있도록 도와준다.
>
> 둘째, 상상력이 풍부해진다. 현실에서 겪기 어려운 일을 만화로 간접 경험하면서 상상력을 키울 수 있다. **본론**
>
> 이처럼 학습 만화는 단순히 흥미 위주가 아닌, 학습은 물론 재미와 감동, 그리고 상상력을 키워 주는 책이다. **결론**

다음 글을 읽고 질문에 답하세요.

바른말, 고운 말을 쓰자

　이처럼 바른말, 고운 말을 쓰지 않으면 뜻을 제대로 전달하지 못하고 상대의 기분을 상하게 한다. 혹시 나도 모르는 사이에 이런 말들을 쓰고 있지 않은지 되돌아보고, 바른말과 고운 말을 쓰도록 노력하자. ①

　바른말을 쓰지 않으면 하고 싶은 말을 상대방에게 제대로 전달할 수 없다. 예를 들어, 자기 마음대로 낱말을 만들어 사용하거나, 말을 과도하게 줄여 쓰면 상대가 그 뜻을 이해하기 어렵다.

　고운 말을 쓰지 않으면 상대방의 기분을 상하게 하고, 상대에게 좋지 못한 인상을 준다. '말은 사람의 인격을 나타낸다'라는 말처럼, 우리는 고운 말을 쓰는 사람에게 좋은 인상을, 험한 말을 쓰는 사람에게 나쁜 인상을 받는다. ②

　요즘에는 사전에도 없는 말을 새로 만들어서 사용하는 경우가 많다. 또 욕설이나 거친 말을 아무렇지 않게 사용하기도 한다. 이런 말은 우리에게 좋지 못한 영향을 끼친다. 따라서 우리는 바른말, 고운 말을 써야 한다. ③

(1) 이 글은 서론, 본론, 결론이 섞여 있습니다. 다음에 해당하는 부분을 찾아 번호를 쓰세요.

서론: _____　　　　본론: _____　　　　결론: _____

다음 글을 잘 읽고 물음에 답하세요.

선의의 거짓말은 해도 되는가?

선생님: 우리는 다른 사람을 속이거나, 자신의 이익을 위해 거짓말을 하기도 해요. 하지만 '선의의 거짓말'은 다른 사람을 위해 하는 거짓말이에요. 그렇다면 '선의의 거짓말'을 해도 될까요?

지　은: 선의의 거짓말은 좋은 결과를 가져오기도 하므로 해도 된다고 생각합니다. 예를 들어, 의사가 환자에게 비타민을 주면서 '효과가 좋은 약'이라고 거짓말을 하면, 환자는 그 말을 믿고 약을 먹어 병이 낫기도 합니다. 이처럼 선의의 거짓말은 긍정적인 효과를 가져올 수도 있습니다.

중　원: 저는 선의의 거짓말로 인해 나쁜 결과가 발생할 수 있다고 생각합니다. 선의로 한 거짓말이라도, 상대가 나를 속였다는 사실을 알게 되면 불쾌할 수 있습니다. 그로 인해 상대방과 사이가 멀어질 수도 있습니다.

서　진: 선의의 거짓말을 하다 보면 습관이 되어 나쁜 거짓말도 하게 됩니다. "바늘 도둑이 소도둑 된다"라는 속담처럼 처음에는 좋은 의도로 시작한 거짓말일지라도 계속하다 보면 습관이 됩니다. 그러면 남에게 해로움을 주는 거짓말까지 거리낌 없이 할 수 있습니다.

정　인: 선의의 거짓말은 남을 배려하는 마음에서 하는 것입니다. 아픈 친구의 가방을 들어 주면서 무겁지 않다고 하거나, 어떤 일을 잘하지 못했지만 노력을 보며 잘했다고 하는 것은 배려심에서 나온 말입니다. 이런 말은 상대방의 기분을 좋게 하고 용기를 줍니다.

선생님: 여러분, 그럼, 이 토론 주제로 각자 의견을 정해 논설문을 쓰세요.

⑵ 여러분은 선의의 거짓말을 해도 된다고 생각하나요? 앞 글의 주장 중 하나를 골라 표를 정
리하고, 논설문을 완성하세요.

서론	선의의 거짓말은 (해도 된다, 하면 안 된다)
본론 (까닭)	①
	②
결론	선의의 거짓말을 (해도 된다고, 하면 안 된다고) 생각한다.

거	'선의의 거짓말'은 다른 사람을 위해서 하는 거짓말이다. (따라서, 하지만) '선의의 거짓말'을 (해도 된다고, 하면 안 된다고) 생각한다.
	그러므로 선의의 거짓말을 (해도 된다고, 하면 안 된다고) 생각한다.

다음 글을 읽고 질문에 답하세요.

> 홍길동은 양반인 아버지와 노비인 어머니 사이에서 서자로 태어났다. 조선 사회에서 서자는 천한 신분이었으므로 과거를 볼 수도, 출세를 할 수도 없었다.
>
> 길동은 총명했지만 서자라는 이유로 온갖 천대와 구박을 받았다. 또, 길동으로 인해 집에 불행이 닥칠 거라는 음모로 죽을 뻔하기도 했다.
>
> 결국, 홍길동은 집을 나와 떠돌다가 활빈당의 우두머리가 되었다. 그때부터 백성들을 괴롭히며 약탈하는 탐관오리들을 혼내 주고, 그들의 곡식과 재물을 **빼앗**아 가난한 백성에게 나누어 주었다. 이런 일이 반복되자, 조정에서는 홍길동을 잡아 오는 사람에게 상을 주겠다고 하였다.
>
> * 서자: 양반과 첩(정식 아내 외에 데리고 사는 여자) 사이에 태어난 아들.
> * 활빈당: 탐관오리의 재물을 빼앗아 가난한 백성을 도와주려고 만든 도둑의 무리.
> * 탐관오리: 옛날에 백성의 재물을 빼앗고 못된 짓을 일삼는 벼슬아치를 이르던 말.

(3) 탐관오리들의 재물을 빼앗아 가난한 백성들에게 나누어 준 홍길동은 벌을 받아야 할까요? 여러분의 의견을 정해 빈칸에 그 까닭을 쓰세요.

홍길동은 벌을 받아야 한다.	홍길동은 벌을 받으면 안 된다.
① 법을 어기고 남의 물건을 훔쳤다. 비록 가난한 백성을 돕기 위해서였다고 해도, 나라에서 정한 법을 어기고 남의 물건을 훔친 행동은 정당하지 않다.	㉠ 자신이 아닌, 가난한 백성들을 위해서 한 행동이다. 홍길동은 부정한 방법으로 부를 쌓은 탐관오리들의 재물을 훔쳐 가난한 백성들에게 나누어 주었다. 이러한 홍길동의 행동은 정의롭다고 할 수 있다.

②	㉡

(4) 위에 쓴 답을 정리하여 아래 표를 완성하세요.

서론	홍길동은 (벌을 받아야, 벌을 받지 말아야) 한다.
본론 (까닭)	① ②
결론	

(5) 95쪽에서 작성한 표를 바탕으로 논설문을 쓰세요.

홍길동은 (벌을 받아야, 벌을 받지 말아야) 한다.

홍길동은 백성을 괴롭히는 탐관오리들의 재물을 훔쳐 가난한 사람들에게 나눠 주

었다. 이러한 홍길동의 행동은 (벌을 받아야, 벌을 받지 말아야) 한다.

4 서론, 결론 쓰기

서론은 논설문의 처음 부분입니다. 서론에서는 문제를 제기하고 그 문제에 대한 주장을 밝힙니다. 다음은 서론을 쓰는 여러 방법입니다.

1. 문제 상황을 밝힙니다.

요즘은 길을 걷거나 계단을 오르내리면서도 스마트폰을 사용하는 사람들이 많다. 때로는 횡단보도를 건너면서 스마트폰을 보는 경우도 있다. 하지만 보행 중에는 스마트폰을 사용하지 말아야 한다.

2. 속담, 명언 등을 이용합니다.

"책은 마음의 양식이다"라는 말이 있다. 우리가 먹는 음식이 몸을 자라게 하듯이 우리가 읽는 책이 마음을 성장시킨다는 뜻이다. 몸과 함께 마음이 성장할 수 있도록 책을 읽어야 한다.

3. 큰 이야기를 쓰다가 다루고자 하는 내용으로 좁혀 가면서 씁니다.

어린이들이 바르게 크려면 해야 할 일이 많다. 공부도 해야 하고, 좋은 친구도 사귀어야 하며, 운동을 통해 몸도 튼튼히 해야 한다. 그러나 이런 것들 못지않게 중요한 것이 독서다.

4. 주장하려는 내용의 중심 낱말을 풀이합니다.

> 남을 위해 착한 마음으로 하는 거짓말을 '선의의 거짓말'이라고 한다. 상대방의 기분을 상하지 않게 하거나, 상대방의 이익을 위해 자신의 생각과 다른 말을 하는 것이다. 이러한 선의의 거짓말은 상황에 따라 해도 된다고 생각한다.

결론에서는 본론의 내용을 요약하고 주장을 강조하며 마무리합니다.

1. 본론 내용을 정리하며 주장을 강조합니다.

> 독서는 우리에게 다양한 경험과 지식을 쌓게 해 준다. 또 감정을 풍요롭게 하고 바른 마음을 지니도록 도와준다. 건강하고 풍요로운 마음을 가꾸기 위하여 날마다 조금씩 책을 읽자.

2. 속담이나 명언을 이용해 주장을 강조합니다.

> "지나침은 모자람만 못하다"라는 말이 있다. 인터넷 게임은 적당히 하면 생활의 활력이 될 수 있다. 하지만 지나치면 앞에서 살펴본 것처럼 여러 가지 문제를 일으킬 수 있다. 따라서 시간을 정해 놓고 적당히 게임을 즐기자.

5 흉내 내어 쓰기

 '학교에서도 스마트폰을 사용할 수 있게 하자'라는 주장의 논설문을 '서론, 본론, 결론'으로 나누어 놓았습니다. 제시한 글과 힌트어를 참고하여 반대 주장의 글을 각 부분에 맞추어 쓰세요.

(1) [서론]

요즘은 초등학생의 절반 이상이 스마트폰을 사용하고 있다. 그런데 교내 스마트폰 사용 여부에 대해 학생들의 의견이 엇갈리고 있다. 스마트폰은 우리에게 도움을 주는 기기다. 따라서 학교에서 스마트폰을 사용해도 된다고 생각한다.

(2) [본론 ①] 수업 시간, 게임, 메신저

학교에서 스마트폰을 사용하면 공부에 도움이 된다. 책을 읽다가 모르는 낱말이 나오거나, 수업에서 이해하지 못한 내용이 있을 때, 스마트폰이 있으면 바로 찾아 볼 수 있다. 그러면 책 내용도 쉽게 이해하고, 수업 내용도 그때그때 바르게 이해할 수 있다.

학교에서 스마트폰을 사용하면 공부에 방해가 된다.

(3) [본론 ②] 시력, 어깨, 목 통증, 거북목 증후군

스마트폰을 이용해 건강을 지킬 수 있다. 몸이 아파 약을 먹는 경우에 알람을 맞춰 놓으면 잊지 않고 제 시각에 약을 먹을 수 있어 건강을 보호할 수 있다. 또 스마트폰 애플리케이션을 이용하면 자신의 건강 상태도 점검할 수 있다.

스마트폰을 많이 사용하면 건강이 나빠질 수 있다.

(4) [본론 ③] 친구들과 어울릴 기회가 줄어든다.

스마트폰은 긴급한 상황을 대처하는 데 도움을 준다. 학교 안에서 일어나는 폭력이

나 응급 상황 등을 사진이나 동영상으로 찍어 알리면 도움을 받을 수도 있고, 더 나쁜 상황으로 확산하는 것을 방지할 수 있다. 또 부모님과 긴급히 연락할 수 있고, 내가 있는 곳의 위치를 부모님이 알 수 있어 긴박한 상황에 대처할 수 있다.

(5) [결론]

이런 까닭으로 학교에서도 스마트폰을 사용할 수 있게 해야 한다. 물론 스마트폰 사용의 단점도 있다. 하지만 그것은 학생들에게 바르고 적절하게 사용하는 방법을 알려 주어 개선할 수 있다. 그러면 스마트폰 사용으로 더 큰 이익을 얻을 수 있다.

선생님께서 '일회용품 사용을 줄이자'라는 주제로 논설문을 써 오라고 하셨습니다. 송이는 인테넷 검색을 통해 아래의 자료를 찾았습니다.

〈자료 1〉

우리나라 바다에서 잡힌 아귀의 배에서 500㎖짜리 페트병이 발견되었다. 또, 바닷가에서 죽은 채 발견된 거북의 몸속에서 플라스틱, 비닐, 낚싯줄 등의 쓰레기가 쏟아져 나왔다. 또 조개류, 생선류의 내장에서도 미세 플라스틱이 발견되었다. 이는 사람들이 버린 비닐이나 플라스틱 등을 바다거북이가 먹이로 잘못 알고 먹은 까닭이다.

* 아귀: 머리와 몸통은 납작하고 넓으며, 입이 아주 큰 바닷물고기.
* 미세 플라스틱: 지름 5㎜ 미만의 작은 플라스틱 조각.

〈자료 2〉

땅속에 묻은 쓰레기가 썩는 데에 오랜 시간이 필요하다. 종이 2~5개월, 나무젓가락과 일회용 컵 20년, 비닐봉지 10~20년, 캔 100년, 일회용 마스크 450년, 플라스틱 페트병은 500년이 걸린다.

이뿐 아니라 비닐봉지나 플라스틱 등은 썩는 동안 환경 호르몬을 내보내 땅이 오염되고 이로 인해 생태계가 파괴된다. 그리고 불에 태우면 각종 해로운 물질이 발생하여 공기를 오염하며 사람의 건강까지 위협한다.

일회용품을 사용하게 되면 자원이 낭비된다. 우리나라에서 1년 동안 사용되는 종이컵을 만들려면 나무 1천 5백만 그루, 나무젓가락을 만들려면 나무 2천만 그루가 필요하다.

* 환경 호르몬: 우리 몸에서 정상적인 호르몬이 만들어지거나 작용하는 것을 방해하여, 건강에 영향을 주는 화학 물질.

(1) 송이는 자료를 읽고, 논설문을 쓰기 전에 아래의 표를 만들었습니다. 빈칸을 채우세요.

서론	우리가 쓰고 버린 일회용품으로 인해 여러 문제가 발생하고 있다.
본론 (까닭)	해양 생물이 죽어간다.
	환경이 오염된다.
결론	

(2) 위에서 만든 표를 바탕으로 하여 논설문을 쓰세요.

일회용품 사용을 줄이자

다음 글을 읽고 물음에 답하세요.

〈자료 1〉

예나는 일주일 전부터 어머니를 졸라 마트에서 초콜릿을 샀다. 밸런타인데이에 초콜릿을 주며 마음을 표현하면, 친구 사이가 더 가까워지고 우정이 깊어진다고 생각하기 때문이다.

2월 14일, 오늘은 밸런타인데이다. 예나와 친구들은 교실에 들어서자마자 자신들이 준비한 초콜릿을 주고받으며 즐겁게 이야기를 나눴다. 학교와 학원을 오가며 공부로 지친 친구들끼리 서로 선물을 주고받으니 기쁘고 위로가 되는 것 같았다. 하지만 초콜릿을 하나도 받지 못한 동수는 짝꿍 예나를 부러운 눈으로 바라보았다. 동수는 말수가 적고 친구가 많지 않아 이런 날이면 마음이 왠지 불편했다.

종소리가 울리고 1교시 수업이 시작되었다.

"얘들아, 너희 삼짇날이 무슨 날인지 아니?"

선생님의 질문에 아이들은 서로 얼굴만 쳐다보았다.

"그럼, 동지는? 정월 대보름은 어떤 날이고 무슨 음식을 먹는지 알고 있니? 밸런타인데이, 화이트데이 같은 국적 불명의 기념일은 꼬박꼬박 챙기면서 정작 우리 고유의 전통 명절에는 무관심하니 좀 실망인데?"

선생님께서는 우리를 둘러보시고는 이어서 말씀하셨다.

"얘들아, 남들이 만들어 놓은 것을 아무 생각 없이 따르기보다 과연 그것이 필요한지, 더 좋은 방향으로 발전시킬 수는 없는지 생각해 보는 것이 좋겠구나."

〈자료 2〉

푸른 마트에서는 '빼빼로데이'가 있는 일주일 동안의 매출이 그 전보다 80% 증가

했다. 밸런타인데이와 화이트데이 때에도 초콜릿과 사탕 매출이 크게 늘었다. 초콜릿과 사탕의 가격은 500원부터 5만 원에 이르기까지 다양하다. 이러한 각종 '○○데이'는 제과 회사에서 돈을 벌기 위해 만든 날이다. 그런데 연인이나 청소년들 사이에서 유행하여 기업에서 그 효과를 톡톡히 보고 있다.

〈자료 3〉

① 2월 14일은 독립운동가 안중근이 사형 선고를 받은 날이다. 그래서 2월 14일을 '안중근 의사 추모일'로 삼자는 목소리가 높아지고 있다.

② 11월 11일은 농민에게 감사하고 우리 농산물의 소중함을 되새기는 '농업인의 날'이다. 그래서 우리 쌀로 만든 고유 음식인 '가래떡'을 주고받자는 의미로 이날을 '가래떡데이'라고도 부른다.

 다음은 예나가 '○○데이는 필요하다'라는 주장으로 쓴 논설문입니다.

친구들 사이에 밸런타인데이나 화이트데이, 빼빼로데이 등의 기념일을 챙기는 문화가 있다. 나는 이러한 기념일은 필요하다고 생각한다.

친구 관계를 맺는 데에 도움이 된다. 평소 좋아하는 친구가 있다면 이날 과자나 초콜릿 등을 주면서 자연스럽게 마음을 표현할 수 있다. 그러면 친구 사이가 더욱 가까워지고, 새로운 친구를 사귈 수도 있다.

선물이나 과자 등을 주고받으면서 기쁨을 느끼고 위로를 받는다. 학교와 학원 공부로 몸과 마음이 지친 친구들이, 이날 작은 선물을 주고받으면 잠시나마 위안을 받을 수 있다.

경제 활성화에 도움이 된다. 밸런타인데이나 빼빼로데이 같은 날에는 초콜릿이나 과자 등이 평소보다 많이 팔린다. 소비가 증가하면 기업이 성장하게 된다. 그러면 고용 증가와 임금 상승으로 이어져 경제가 활성화될 수 있다.

마음을 표현하지 않으면 상대방이 알 수 없다. 각종 기념일은 주변 사람들에게 마음을 전하며 소소하게 기쁨을 나누는 좋은 기회라고 생각한다.

(1) 앞에서 살펴본 자료를 이용하여 논설문을 쓰려고 합니다. ○○데이는 '필요하다' 또는 '필요하지 않다'라는 의견 중 하나를 골라 아래 표를 채우세요.

서론	
본론 (까닭)	1.
	2.
	3.
결론	

(2) 위에서 작성한 표를 바탕으로 논설문을 쓰세요.

9과 동화 독후감

1. 동화 독후감이란?

2. 처음 부분과 끝 부분 쓰기

3. 금시계

4. 동화 독후감 쓰기

1 동화 독후감이란?

동화는 작가가 '어린이들을 위해 지어낸 이야기'입니다. 동화 속에는 주인공을 비롯해 다양한 인물이 등장하고, 그 인물들 사이에서 여러 사건이 펼쳐집니다.

동화 독후감은 이야기에 나오는 인물의 행동이나 생각, 말 그리고 사건 속에서 느끼거나 생각한 것을 정리하여 쓴 글입니다. 다음은 동화 독후감을 쓰는 방법입니다.

처음	책에 대한 소개
가운데	기억에 남은 부분 1 + 느낌이나 생각
	기억에 남은 부분 2 + 느낌이나 생각
	기억에 남은 부분 3 + 느낌이나 생각
끝	전체적인 느낌

가운데 부분을 꼭 세 개로 써야 하는 것은 아닙니다. 두 개로 써도 좋고, 네 개로 써도 좋습니다.

'나의 라임오렌지 나무'를 읽고

강원 동해 초등학교

5학년 3반 민태우

제목
학교
학년, 반, 이름

이 책은 다섯 살짜리 꼬마 아이가 마음속의 새와 라임오렌지나무를 친구 삼아 이야기를 나누며 성장해 가는 내용을 담고 있다. 주인공 제제는 말썽꾸러기처럼 보이지만 마음은 누구보다 순수하고 따뜻하다.

처음
(책에 대한
소개)

제제는 다섯 살짜리 꼬마 아이다. 집안이 가난하여 크리스마스에도 선물 하나 받지 못하고, 장난이 심하여 말썽꾸러기 취급을 당하는 등 가족에게 구박을 받는다. 가족에게 사랑받지 못하는 제제가 불쌍했다. 그리고 나는 참 행복하다는 생각이 들었다. 우리 가족은 언제나 사랑과 격려로 나를 돌봐 주기 때문이다.

가운데 ①
(기억에 남은 부분 ①
+
느낌이나 생각)

어느 날, 선생님께서 빵을 사 먹으라고 제제에게 돈을 주셨다. 제제는 그 돈으로 빵을 사서 같은 반 친구와 나눠 먹었다. 그 친구는 몸집도 작고, 집안도 가난하여 따돌림을 당하는 아이였다. 제제를 보며, 가진 것이 많아야 남을 도울 수 있는 게 아니라, 남과 나누려는 마음이 있으면 된다는 점을 깨달았다. 나도 그동안 가진 것을 나누기보다는 내 욕심을 채우기에 바빴다. 제제를 보며 그런 내 모습이 새삼 부끄러웠다.

가운데 ②
(기억에 남은 부분 ②
+
느낌이나 생각)

제제는 힘들고 슬픈 현실에서도 절망하지 않았다. 라임오렌지 나무를 친구 삼아 이야기 나누며, 슬픔은 위로받고 기쁨은 함께 나눴다. 제제를 보며, 마음먹기에 따라 힘든 일도 즐겁게 할 수 있다는 생각이 들었다. 나도 이제 어렵고 힘든 일이 닥치면 제제처럼 긍정적인 마음으로 이겨낼 것이다.

가운데 ③
(기억에 남은 부분 ③
+
느낌이나 생각)

제제를 통해 삶에서 가장 중요한 것은 사랑이란 걸 깨달았다. 제제처럼 마음속에 사랑을 품으면, 고달픈 현실도 긍정적으로 이겨내며, 행복하게 살아갈 수 있다. 내 마음에도 사랑을 가득 채우려고 노력하겠다.

끝
(전체적인 느낌)

(1) 처음 부분 - 책을 소개합니다.

이 책은 다섯 살짜리 꼬마 아이가 마음속의 새와 라임오렌지나무를 친구 삼아 이야기를 나누며 성장해 가는 내용을 담고 있다. 주인공 제제는 말썽꾸러기처럼 보이지만 마음은 누구보다 순수하고 따뜻하다.

이 책은 어려운 처지의 친구를 위해 자신을 희생한 효남이의 이야기를 담고 있다. 효남이는 자신보다 가난한 친구를 돕기 위해 금시계를 훔쳤다는 누명을 쓰고 일하던 목장에서 쫓겨난다. 그런 효남이를 보며 배려와 희생에 대해 생각해 보면서 나를 돌아보게 되었다.

(2) 끝 부분 - 책 전체에 대한 느낌이나 생각을 적습니다.

제제를 통해 삶에서 가장 중요한 것은 사랑이란 걸 깨달았다. 제제처럼 마음속에 사랑을 품으면, 고달픈 현실도 긍정적으로 이겨내며, 행복하게 살아갈 수 있다. 내 마음에도 사랑을 가득 채우려고 노력하겠다.

서울에서 홀로 힘들게 살면서도, 자신의 고달픔보다 다른 사람의 어려움을 먼저 생각할 줄 아는 효남이를 보고 감동했다. 그리고 주인의 도움으로 가족과 함께 살게 된 효남이를 보며, 착하게 살면 복을 받는다는 생각이 들었다. 나도 효남이처럼 친구들을 배려하는 착한 심성을 길러야겠다.

3 금시계

 동화 '금시계'를 요약한 내용입니다.

금시계

방정환

효남이는 아홉 살에 아버지를 여의었다. 어머니가 남의 집 일을 해 주고 번 돈으로 시골에서 초등학교를 졸업한 효남이는, 야학이라도 다녀보겠다는 생각에 서울로 올라왔다. 효남이는 목장에 취직하여 새벽에는 우유 배달, 낮에는 소 떼 지키는 일을 하고, 밤에는 야학에 다니며 공부했다. 피곤하지만 시골에서 고생하시는 어머니와 여동생 효순이를 생각하며 꾹 참았다.

그런데 이틀 전, 동생에게서 편지가 왔다. 어머니가 병이 나서 앓고 있다는 내용이었다. 효남이는 돈이 없어 약 한 첩 못 쓸 어머니를 생각하니 일이 손에 잡히지 않았다. 생각다 못하여 효남이는 목장 주인에게 부탁했다.

"제가 내려가서 병간호는 못 해 드릴망정, 약이라도 사 드리라고 돈을 좀 보냈으면 좋겠습니다. 그러니 5만 원만 미리 주십시오."

그러자 목장 주인은,

"이 집에 온 지도 몇 달 안 된 데다가 돈을 미리 찾아 쓰는 버릇하면 못쓴다."

하며 도리어 꾸지람만 했다. 그날 밤 효남이는 잠도 자지 못하고 울기만 했다. 그리고 다음 날, 부끄러움을 무릅쓰고 다시 부탁해 보았다. 그러나 그날도 주인은 돈을 빌려주지 않았다.

* 야학: 밤에 공부하는 학교.

그런데 오늘 아침, 누가 집어 갔는지 목장 주인의 금시계가 없어져서 온 목장 안이 벌컥 뒤집혔다. 주인은 목장 안에 있는 사람을 모두 불러 놓고 몸을 뒤졌다. 효남이가 이틀 동안 주인에게 돈을 빌려 달라고 했다가 못 얻어 쓴 사정을 아는 주인아주머니는 효남이를 의심했다. 효남이는 공연히 가슴이 두근두근하였다. 그들이 효남이의 몸을 뒤져 보았지만, 시계는 나오지 않았다. 효남이는 마음이 조금 놓였다. 그러나 다른 사람에게서도 금시계가 나오지 않자, 주인은 효남이를 불러서,

"잘 생각해서 바로 대답하여라. 경찰서로 끌려가기 전에……."

하고 눈을 흘겼다. 이렇게까지 의심을 받으니, 효남이는 무어라고 더 변명할 말이 없어 아무 말도 못 하고 목장 풀밭에 나와 울었다.

애매한 죄를 뒤집어쓰고 효남이가 풀밭에 나가 울고 있는 동안에, 목장 주인은 효남이와 다른 일꾼들이 자는 빈방에 몰래 들어가서 옷장과 책상 서랍을 뒤져 보았다. 그런데 금시계는 나오지 않고, 뜻밖에 효남이가 쓰는 책상 서랍 속에서 주인아주머니의 금반지가 나왔다. 화가 난 목장 주인은 효남이를 불러들였다.

효남이는 목장에서 소동이 난 줄도 모르고, 시골집 걱정에 풀밭에 엎드려 소리쳐 울고 있었다.

목장 쪽에서 수득이가 뛰어왔다. 수득이는 주인집에 있으면서 잔심부름을 하는 아이였다. 수득이는 울고 있는 효남이에게,

"효남아, 큰일 났다. 지금 네 책상 서랍 속에서 금반지가 나왔단다. 그래서 금시계도 네가 가져갔다고 하며 널 불러오라고 그랬어. 빨리 들어가 봐라."

수득이의 말에 효남이는 기가 막혀 눈앞이 캄캄해졌다. 가서 변명이라도 해야겠다는 생각에 기운을 차려 일어서려는데, 풀밭에 떨어진 종이쪽지가 눈에 띄었다.

'저것이 무엇일까?'

하고 펴 보았더니, 금시계 한 개를 저당 잡힌 전당표였다. 금시계를 맡기고 돈을 빌린 사람은 '전수득'이었다. 바로 조금 전에 효남이를 부르러 왔던 그 아이였다.

'옳지. 그 녀석이 제가 주인 방에 있으면서 금시계를 훔쳐 놓고 나에게 뒤집어씌우려고 오늘 또 금반지를 내 책상 속에 집어넣은 것이 분명해. 이제 이 전당표가 있으니 도둑 누명을 벗을 수 있을 거야.'

효남이는 전당표를 손에 쥐고는 목장으로 뛰어갔다. 목장에 들어서려는데 수득이와 어머니가 무슨 얘기를 하고 있었다.

"얘야, 오늘은 일찍 온다더니 아직도 여기 있구나. 벌써 집주인이 와서 방을 빼라고 하니 어떡하니? 게다가 아버지마저 저렇게 석 달째 병으로 누워 계시니……. 당장 병들어 누워 계시는 아버지를 길에다 눕히니? 오늘은 돈이 된다더니 아직도 돈이 안 됐니?"

수득이 어머니 말소리가 그 옆을 지나가는 효남이 귀에도 들렸다.

효남이는 주인의 방으로 들어갔다. 주인은 화가 나서 눈을 흘기며 말했다. 다른 일꾼들까지 우르르 몰려와서 지켜보고 있었다.

"이 녀석아, 금반지는 또 어느 틈에 훔쳐 두었니? 그래도 금시계를 모른다고 버틸 테냐?"

주인의 호통 소리에 효남이는 온몸에서 화가 끓어올랐다.

'아니에요. 왜 자세히 알지도 못하고 그런 욕을 하세요.'

하는 소리가 목까지 저절로 올라오고, 전당표를 든 주먹이 저절로 튀어 나가려고 하였다. 그러나 그때 생각난 것은, 지금 문밖에서 수득이 어머니가 걱정하는 소리였다.

* 저당: 돈을 빌리는 대신 어떤 물건을 맡겨 두는 것.
* 전당표: 어떤 물건을 대신 맡고 돈을 꾸어 주었다는 것을 적은 쪽지.

'병든 수득이 아버지와, 어머니가 방에서 쫓겨나서 추운 곳에서 떨게 되는 것보다 내가 쫓겨나는 것이 더 나아. 그래! 아무 말도 말자. 수득이 집 형편이 나보다 더 급해. 나보다도 더 불쌍해.'

효남이는 입술을 꼭 깨물었다. 그리고 손에 쥔 것을 바지 주머니에 넣어 버렸다.

"죽을죄를 지었습니다. 죄송합니다."

효남이가 고개를 푹 숙이고 말할 때, 굵다란 눈물방울이 해진 헝겊 신발 앞에 뚝뚝 떨어졌다.

억울하게 도둑 누명을 쓰고 목장을 쫓겨나는 효남이의 눈에서 쉴 새 없이 눈물이 흘렀다. 시골집에 누워 계실 어머니와 누이동생 생각이 떠오르자 더욱 슬퍼졌다.

한편 정말 죄를 지은 수득이 역시 저의 잘못으로 효남이가 쫓겨나는 것을 보고, 속으로 뉘우치며 뒤에 서서 자꾸 울었다. 마음의 괴로움을 참지 못한 수득이는 쫓아가서 효남이를 붙들었다.

"효남아! 어디로 갈 거니?"

"글쎄, 어디로 가야 할지 나도 모르겠다. 아무 데라도 가야지 어떡하니……."

두 소년의 눈에서 모두 눈물이 흘렀다.

"나는 네가 아무 죄도 없는 줄을 알고 있어. 그런데 내가……."

수득이가 사실을 이야기하려고 말을 꺼냈다. 그러나 효남이는 재빨리 수득이의 말을 막았다.

"아니야. 나는 어차피 이곳을 떠나야 할 사람이야. 네가 그런 말을 하면 내 마음도 편하지 않아. 너는 아버지가 앓고 계시지 않니? 네가 있어야 해. 우리도 가난하지 않을 날이 있겠지. 가난한 것밖에 무슨 죄가 있겠니."

효남이의 말에 수득이는 효남이의 가슴에 얼굴을 파묻고 소리쳐 울었다.

아침도 굶고 점심도 굶었건만, 효남이는 배고픈 것보다는 갈 곳이 없는 것이 걱정이었다. 저녁까지 굶고 그대로 해가 지기를 기다려서 날마다 다니던 야학에 갔다. 그러나 차마 부끄러워서 교실에는 못 들어가고 교무실로 가서 선생님께 시골집으로 가겠다고 인사를 하고, 눈물을 흘리며 돌아서서 나왔다. 울면서 나오는 것을 보고 뒤쫓아 나오신 선생님께서 기차표 살 돈을 주셨다.

효남이는 병든 어머니와 나이 어린 누이동생이 기다리고 있는 시골집으로 기차를 타고 가게 되었다.

자기의 죄를 대신 뒤집어쓰고 쫓겨난 효남이와 울면서 작별을 한 수득이는, 그날 저녁밥도 먹지 않고 밤새도록 울기만 하였다. 새벽이 되어 수득이는 효남이의 누명을 벗겨 주어야겠다고 결심했다.

아침이 되어 수득이가 울면서 자세하게 자백하는 소리를 듣고, 목장 주인 부부는 깜짝 놀랐다. 불쌍한 친구를 위하여 남의 죄를 뒤집어쓰고 아무 말 없이 쫓겨난 아이를 어떻게 하면 다시 찾아와 자신들의 잘못을 사과할까 하는 생각으로 몹시 걱정스러웠다.

주인은 그날 저녁 효남이가 다니던 야학을 찾아가, 선생님을 만났다. 그리고 그동안의 이야기를 하고, 효남이 집이 어디인지 물었다. 그러고는 그날 낮차로 효남이가 사는 시골로 내려갔다.

닷새 뒤에 효남이네 식구를 데리고 올라와서, 어머니는 병원에 입원시키고, 효남이와 효순이는 학교에 입학시켰다. 그리고 효남이의 소원대로 수득이도 쫓겨나지 않고 일할 수 있게 했다.

* 자백: 숨기고 있던 자기의 잘못을 모두 말하는 것.

빈칸에 '기억에 남은 부분'이나 '느낌이나 생각'을 쓰세요.

(1)

기억에 남은 부분	아홉 살에 아버지를 여읜 효남이는 초등학교 졸업 후, 서울로 올라왔다. 목장에 취직하여 낮에는 우유 배달과 소 떼 지키는 일을 하고, 밤에는 야학에 다니며 공부했다. 피곤했지만 어머니와 동생을 생각하며 참았다.
느낌이나 생각	

(2)

기억에 남은 부분	효남이는 어머니가 병이 나서 앓고 계신다는 편지를 받았다. 어머니가 약이라도 사 드시도록 돈을 보내야겠다고 생각한 효남이는, 목장 주인에게 자신의 사정을 말하고 돈을 빌려 달라고 부탁했다. 그러나 주인은 효남이의 부탁을 거절했다.
느낌이나 생각	

(3)

기억에 남은 부분	
느낌이나 생각	

(4)

기억에 남은 부분	
느낌이나 생각	

(5)

기억에 남은 부분	
느낌이나 생각	

(6)

기억에 남은 부분	
느낌이나 생각	

4 동화 독후감 쓰기

 다음은 지수가 '금시계'를 읽고 쓴 독후감입니다.

'금시계'를 읽고

수원 화성 초등학교

5학년 3반 윤지수

제목

학교

학년, 반, 이름

이 책은 어려운 처지의 친구를 위해 자신을 희생한 효남이의 이야기를 담고 있다. 효남이는 자신보다 가난한 친구를 돕기 위해 금시계를 훔쳤다는 누명을 쓰고 일하던 목장에서 쫓겨난다. 그런 효남이를 보며 배려와 희생에 대해 생각해 보면서 나를 돌아보게 되었다.

처음

(책 소개)

아홉 살에 아버지를 여읜 효남이는 초등학교 졸업 후, 서울로 올라왔다. 목장에 취직하여 낮에는 우유 배달과 소 떼 지키는 일을 하고, 밤에는 야학에 다니며 공부했다. 피곤했지만 어머니와 동생을 생각하며 참았다. 어린 나이에 홀로 서울에 올라와 낮에는 일하고, 밤에는 공부하는 효남이가 대견했다. 게다가 새벽부터 일하느라 지치고 힘들었을 텐데 학업을 포기하지 않는 효남이를 보니, 부끄러운 마음이 들었다. 그러면서 걱정 없이 학교에 다닐 수 있게 해 주신 부모님께 감사했다.

가운데 ①

(기억에 남은 부분 ①

+

느낌이나 생각)

목장 주인의 금시계가 없어졌다. 주인은 목장 안에 있

는 사람들의 몸을 뒤졌다. 하지만 누구의 몸에서도 금시계는 나오지 않았다. 그러자 주인은 전날 돈을 빌려 달라고 했던 효남이를 의심했다. 자신의 금시계가 없어졌다고 일꾼들의 몸을 뒤진 목장 주인이 정말 나쁘다. 가난하다고 일꾼들을 함부로 대하는 것 같아 화가 났다. 게다가 돈을 빌리려 했다는 이유로 효남이를 도둑으로 의심하다니 너무했다. 어린 효남이가 얼마나 억울하고 속상했을까? 가진 게 없다고 사람을 업신여기거나 함부로 의심하면 안 된다.

(기억에 남은 부분 ②
+
느낌이나 생각)

목장 주인을 찾아간 효남이는 자신이 금시계를 훔쳤다고 거짓말을 했다. 그러지 않으면 수득이네가 집에서 쫓겨날 처지였기 때문이다. 효남이는 자신보다 형편이 어려운 수득이를 위해 금시계를 훔쳤다고 거짓말을 하여 목장에서 쫓겨났다. 자신도 어려우면서 수득이네 형편을 먼저 생각한 효남이가 정말 대단하다. 나라면 그러지 못했을 것이다. 효남이는 다른 사람의 아픔도 자신의 아픔처럼 생각하고 배려한다. 그런 효남이를 보며 나만 잘살면 된다고 생각했던 내가 조금 부끄러웠다.

가운데 ③
(기억에 남은 부분 ③
+
느낌이나 생각)

서울에서 홀로 힘들게 살면서도, 자신의 고달픔보다 다른 사람의 어려움을 먼저 생각할 줄 아는 효남이를 보고 감동했다. 그리고 주인의 도움으로 가족과 함께 살게 된 효남이를 보며, 착하게 살면 복을 받는다는 생각이 들었다. 나도 효남이처럼 친구들을 배려하는 착한 심성을 길러야겠다.

끝
(전체적인 느낌)

(1) 앞에서 읽은 '금시계'로 독후감을 쓰세요. 처음과 끝 부분은 112쪽에 있는 것을 그대로 옮겨 써도 좋습니다. 가운데 부분은 118~120쪽에서 쓴 것 가운데 세 개를 골라 쓰세요.

(2) 여러분이 읽은 동화 가운데 하나를 골라 동화 독후감을 쓰세요.

10과 인물 이야기 독후감

1 인물 이야기 독후감이란?

인물 이야기에는 주로 역사적으로 큰 업적을 남긴 사람의 일생이 이야기 형식으로 담겨 있습니다. 인물 이야기를 읽을 때는 인물이 어느 시대, 어느 나라 사람이며, 어떤 업적을 남겼는지 살핍니다. 그리고 인물의 삶에서 본받을 점을 찾아봅니다. 인물 이야기 독후감은 이러한 내용을 글로 정리한 것입니다.

다음과 같은 방법으로 쓸 수 있습니다.

처음	인물에 대한 소개
가운데	기억에 남은 부분 1 + 느낌이나 생각
	기억에 남은 부분 2 + 느낌이나 생각
	기억에 남은 부분 3 + 느낌이나 생각
끝	전체적인 느낌

가운데 부분을 꼭 세 개로 써야 하는 것은 아닙니다. 두 개로 써도 좋고, 네 개로 써도 좋습니다.

다음은 한솔이가 '파브르'를 읽고 쓴 인물 이야기 독후감입니다.

'파브르'를 읽고

경기 바른 초등학교

5학년 1반 장한솔

앙리 파브르는 프랑스의 곤충학자다. 가난한 농부의 아들로 태어난 파브르는 곤충을 연구하는 데 온 힘을 기울여 29년 동안 총 10권의 <곤충기>를 썼다.

제목

학교

학년, 반, 이름

처음
(인물 소개)

파브르는 어릴 때부터 궁금한 것이 있으면 그것을 알게 될 때까지 물러나지 않았다. 하루는 늑대가 나타난다는 할머니의 말에도 불구하고, 곤충의 정체를 알아내려고 밤 늦도록 풀숲에 숨어 있었다. 나라면 아무리 궁금해도 늑대가 나타난다고 하면 무서워서 집 밖을 나가지 못했을 것이다. 파브르는 나와 달리 어릴 적부터 용기 있고 적극적인 아이였던 것 같다.

가운데 ①
(기억에 남은 부분 ①
+
느낌이나 생각)

파브르는 14살 때부터 공사장에 나가 일했다. 하지만 그렇게 일해도 책 한 권을 사 보려면 그날 저녁을 굶어야 했다. 파브르는 배고픔을 참아 가며 책을 사서 읽었다. 나는 읽고 싶은 책이 있으면 어머니께 사 달라고 한다. 하지만 막상 책을 갖고 나면, 내팽개쳐 두고 읽지 않았다. 파브르를 생각하니 그런 내 행동이 너무 부끄러웠다.

가운데 ②
(기억에 남은 부분 ②
+
느낌이나 생각)

파브르는 55세에 곤충에 관한 책을 세상에 내놓았다. 그 후로도 29년 동안 가난과 전쟁 등에 시달리면서도 곤충 연구에 힘을 쏟아 10권의 책을 완성하였다. 평생을 바쳐 곤충을 연구한 파브르가 정말 존경스럽다. 파브르에게는 자신의 꿈을 향한 끈기가 있는 것 같다. 끈기가 부족해 무엇이든 중간에 포기하는 경우가 많은 내가 가장 본받아야 할 점이다.

가운데 ③
(기억에 남은 부분 ③
+
느낌이나 생각)

책을 읽는 내내 곤충을 향한 파브르의 열정과 의지를 느낄 수 있었다. 가난 속에서도 지칠 줄 모르고 연구를 해낸 파브르의 열정이 내 가슴속 깊이 남았다.

끝
(전체적인 느낌)

2 처음 부분과 끝 부분 쓰기

(1) 처음 부분 - 인물을 소개합니다.

> 앙리 파브르는 프랑스의 곤충학자다. 가난한 농부의 아들로 태어난 파브르는 곤충을 연구하는 데 온 힘을 기울여 29년 동안 총 10권의 <곤충기>를 썼다.

> 안중근은 우리나라 독립운동가다. 일제 강점기에 학교를 세워 인재 양성에 힘썼고, 의병대를 이끌고 일본군과 전투를 벌였다. 그리고 우리나라 침략의 우두머리인 일본군 장교 이토 히로부미를 암살했다.

(2) 끝 부분 - 책 전체에 대한 느낌이나 생각을 적습니다.

> 책을 읽는 내내 곤충을 향한 파브르의 열정과 의지를 느낄 수 있었다. 가난 속에서도 지칠 줄 모르고 연구를 해낸 파브르의 열정이 내 가슴속 깊이 남았다.

> 나라를 위해 목숨을 바친 안중근 의사를 생각하면 가슴이 뭉클해진다. 손가락까지 잘라가며 독립을 맹세한 안중근 의사의 숭고한 희생 정신이 헛되지 않도록, 나도 나라 사랑하는 마음을 키워야겠다.

3 안중근

 다음은 독립운동가 안중근 의사에 관한 이야기입니다.

안중근은 1879년 9월, 황해도 해주에서 태어났다. 몸에 북두칠성을 닮은 일곱 개의 점이 있어, 어렸을 때는 응칠(북두칠성의 기운을 받은 아이라는 뜻)이라 불렸다. 응칠은 다섯 살에 〈천자문〉을 뗄 만큼 영리했다. 하지만 공부보다 전쟁놀이나 말 타고 사냥하는 것을 더 즐겼다. 열네 살 때는 소년 사냥꾼으로 이름이 날 정도로 사격 솜씨가 뛰어났다.

열여섯 살 되던 해에 응칠은 결혼했다. 할아버지께서는 고집 세고, 급한 성질을 가라앉혀서 진득하게 뿌리를 내리라는 뜻으로, '무거울 중(重)'에 '뿌리 근(根)' 자를 써서 중근으로 이름을 바꾸어 주셨다.

그 무렵 우리나라는 외세의 침략과 관리의 부정부패로 몹시 혼란스러웠다. 그래서 동학 교도와 농민들은 힘을 합쳐 백성을 괴롭히던 탐관오리들을 몰아내는 '동학 운동'을 일으켰다. 그러자 조정에서는 청나라 군대에 동학군을 무찔러 달라고 부탁했다. 그 일로 청나라 군사뿐 아니라 일본 군사까지 조선에 들어왔고, 마침내 우리나라 땅에서 청·일 전쟁이 일어났다. 전쟁은 일본의 승리로 끝났고, 동학군마저 일본군에게 무너지고 말았다.

그 후, 조선 침략을 노리던 일본은 수십 명의 일본군을 이끌고 경복궁에 들어가 명성 황후를 죽였다. 이 사건을 '을미사변(1895년)'이라고 한다.

* 교도: 어떤 종교를 믿는 사람이나 그 무리.
* 동학 운동: 전봉준을 비롯한 동학(최제우가 세운 민족 종교) 교도와 농민들이 세상을 바꾸려고 일으킨 혁명 운동.
* 조정: 옛날에 임금이 신하들과 나랏일을 의논하고 결정하던 곳.

2년 후, 조선은 나라 이름을 '대한제국'으로 바꾸었다. 세계 여러 나라에 우리 나라가 자주독립 국가라는 것을 알리기 위해서였다.

1904년, 러시아와 일본은 대한제국을 서로 차지하려고 전쟁을 일으켰다. 이 전쟁에서 이긴 일본은 이토 히로부미를 특별 대사로 대한제국에 보냈다. 이토 히로부미는 고종 황제의 거부에도 불구하고 대한제국의 외교권을 빼앗는 조약을 체결했다. 이를 '을사조약(1905년)'이라고 한다. 이 조약으로 대한제국은 나라의 독립성을 완전히 빼앗기게 되었다.

안중근은, 나라를 되찾으려면 우선 교육을 통해 아이들에게 민족정신을 길러 주어야 한다고 생각했다. 그래서 평안도에 '삼흥 학교'를 세우고 뒤이어 천주교에서 운영하던 '돈의 학교'를 인수했다. 돈의 학교는 평안남북도와 황해도의 60여 개 학교가 참가한 학과 연합 수능 대회에서 일등을 할 만큼 좋은 성적을 거뒀다. 안중근은 교육 사업을 위해 대대로 물려받은 재산을 아낌없이 쏟아부었다. 학교를 운영해 나갈 돈을 마련하고자 석탄 개발 회사도 세웠으나, 일본인의 방해로 큰 손해를 본 채 문을 닫았다.

1907년, 나라 곳곳에서 '국채 보상 운동'이 일어났다. 일본은 대한제국 땅에 일본을 위한 각종 시설을 지었다. 그리고 그 비용을 대한제국이 부담하도록 강요하여 일본에 1,300만 원의 빚을 지게 했다. '국채 보상 운동'은 바로 일본에 진 빚을 갚아 나라를 구하자는 운동이었다. 안중근은 이 소식을 듣고 모금 운동에 참여를 권하는 연설을 했다. 부인과 친척들도 설득하여 반지 등 값진 패물까지 내놓게 하였다.

그해 6월, 고종 황제는 '을사조약'의 부당함을 세계에 알리고자 만국 평화 회

* 자주독립: 다른 나라의 도움 없이 스스로 독립하는 것.
* 국채: 국가가 진 빚.
* 패물: 보석으로 만든 귀걸이, 목걸이, 반지 같은 물건.

의가 열리는 네덜란드에 특사를 파견했다. 이 사건으로 일제는 고종 황제를 강제로 퇴위시키고, 대한제국 군대까지 해산시켰다. 그리고 대한제국에서 중요한 일을 할 때는 일본의 허락을 받아야 한다는 내용 등을 담은 '정미7조약'을 강제로 맺어 대한제국의 국권을 빼앗았다.

이에 안중근은 해외로 나가 좀 더 적극적으로 독립 투쟁에 나서야겠다고 결심했다. 안중근은 러시아 블라디보스토크로 향했다. 그곳에는 우리 동포 5천여 명이 살고 있었으며, 수많은 항일 독립운동 단체가 있었다. 안중근은 그곳에서 군인 출신 이범윤을 총대장으로 하는 '의병대'를 만들었다. 그리고 자신은 참모 중장이 되어 삼백여 군사를 훈련했다.

1908년 6월, 안중근은 의병을 거느리고 함경북도에서 일본군과 전투를 벌였다. 이 전투에서 안중근 부대는 승리를 거두고, 일본군 네 명을 포로로 잡았다. 하지만 안중근은 포로들을 모두 풀어 주었다. 국제법에 상대국 포로를 함부로 죽이지 못하게 되어 있고, 이토 히로부미의 지시를 받고 왔을 뿐인 죄 없는 사람을 함부로 죽여선 안 된다고 생각했기 때문이었다. 이 일로 몇몇 장교들은 불만을 품고 자기 부하들을 데리고 안중근 부대를 떠났다. 게다가 풀려난 일본군 포로들은 안중근 부대의 규모와 위치를 일본군에 알려 주었다. 결국, 그다음 전투에서 안중근 부대는 크게 패배했다.

1909년 봄, 안중근은 러시아에서 젊은 동지 열한 명과 함께 비밀 조직을 만들었다. 그들은 목숨 바쳐 나라를 구할 것을 맹세하며 손가락을 끊어 결의를 다졌다. 먼저 안중근이 자신의 왼손 넷째 손가락 한 마디를 잘랐다. 그리고 손가락

* 특사: 나라를 대표해, 특별한 임무를 맡겨 외국에 보내는 사람.
* 일제: '일본 제국 주의'를 줄인 말.
* 퇴위: 임금의 자리에서 물러남.
* 의병: 옛날에 나라를 지키려고 백성들이 스스로 일으킨 군대.
* 참모: 군대에서 지휘관을 도와서 작전을 짜거나 일을 맡아보는 장교.

에서 흐르는 피로 책상 위에 펼쳐 놓은 태극기에 '대' 자를 썼다. 나머지 열한 명의 동지들도 손가락을 잘라 나머지 글자를 이어서 '대한 독립'을 완성했다.

글자를 다 쓴 사람들은 '대한 독립 만세'를 큰 소리로 세 번 외쳐 부르며 나라를 구하겠다는 의지를 굳혔다. 이 단체의 이름은 같은 뜻을 품고 손가락을 끊었다는 뜻의 '동의 단지회'로 정했다.

이 무렵 일본은 우리 땅이었던 간도를 청나라에 넘겨주는 조약을 맺었다. 화가 난 안중근은 동포들에게 의병을 일으켜 나라를 구해야 한다는 연설을 했다. 하지만 동포들의 반응은 싸늘했다. 답답했던 안중근은 블라디보스토크로 가서 국제 사정도 알아보고, 신문에 호소해 보기로 했다.

블라디보스토크에 도착한 안중근은 조선 총독부 통감 이토 히로부미가 10월 중순쯤 중국 하얼빈에 방문할 것이라는 기사를 보았다. 안중근은 뛸 듯이 기뻤다. 이것은 하늘이 준 기회라고 생각하고, 하얼빈으로 향했다.

'이제야 우리 민족의 원수를 죽일 기회를 얻겠구나.'

안중근은 기차를 타고 가며 어떻게 해야 할지 곰곰이 생각했다.

10월 26일, 이토 히로부미는 오전 9시에 하얼빈 역에 도착하기로 되어 있었다. 안중근은 두 시간 전부터 역 근처 찻집에 앉아 그를 기다렸다.

드디어 이토 히로부미를 태운 특별 열차가 도착했다. 안중근은 찻집에서 나와 군중 사이로 들어갔다. 군악대의 음악이 요란하게 울려 퍼졌다. 열차에서 흰 수염을 늘어뜨린 한 노인이 사람들의 안내를 받으며 걸어 나왔다. 한 번도 만나 본 적이 없지만, 안중근은 이토 히로부미를 단번에 알아보았다. 안중근은 외투

* 단지: 손가락을 자름.
* 간도: 예전에, 중국 동북부의 두만강 북쪽 일대. 일제 강점기에 한국인이 많이 살고, 항일 독립 운동의 중심지가 된 곳이다.
* 조선총독부: 일제 강점기에 조선을 지배했던 식민 통치 기구.
* 통감: 조선 총독부의 우두머리.

속에서 권총을 뽑아 들었다. 그리고는 망설이지 않고 방아쇠를 당겼다.

"탕, 탕, 탕!"

총알 세 발이 이토 히로부미의 가슴에 명중했다. 이토 히로부미는 그 자리에서 쓰러졌다. 러시아 군인들이 안중근에게 달려들었다. 하지만 안중근은 도망치지 않았다. 오히려 후련한 듯 두 팔을 높이 쳐들며 소리쳤다.

"대한 독립 만세! 대한 독립 만세! 대한 독립 만세!"

안중근은 러시아 경찰에 붙잡힌 뒤, 뤼순 감옥에 갇혔다.

재판 과정에서 안중근은 이토 히로부미를 죽인 이유를 당당하게 밝혔다. '명성 황후를 살해한 죄, 고종 황제를 폐위시킨 죄, 을사조약과 정미7조약을 강제로 맺게 한 죄, 대한제국의 정권을 강제로 빼앗은 죄, 아무 죄 없는 사람들을 죽인 죄 등 열다섯 가지 이유였다. 그리고 안중근은 우리 동포와 나라를 지키기 위해 의병대 참모 중장으로 이토 히로부미를 죽였을 뿐, 개인적인 원한은 없다고 당당히 말했다.

1910년 2월 14일, 안중근은 사형 선고를 받았다. 그리고 같은 해 3월 26일 사형이 집행되었다. 그의 나이 32세였다. 안중근은 자신이 죽으면 하얼빈 공원에 묻었다가 국권이 회복되면 고국으로 옮겨 달라고 유언을 남겼다. 하지만 100년이 지난 지금도 안중근의 주검은 조국으로 돌아오지 못하고 있다.

* 국권: 나라의 주인으로서 지니는 힘과 권리.
* 주검: 죽은 사람의 몸.

빈칸에 '기억에 남은 부분'을 요약하거나 '느낌이나 생각'을 쓰세요.

(1)

기억에 남은 부분	안중근은 1879년 황해도에서 태어났다. 몸에 일곱 개의 점이 있어 어렸을 때는 응칠이라 불렸다. 다섯 살 때 〈천자문〉을 뗄 만큼 영리했지만, 공부보다 전쟁놀이나 사냥을 더 즐겼다. 열여섯 살에, 고집 세고 급한 성질을 가라앉혀 진득하게 뿌리를 내리라는 뜻의 중근으로 이름을 바꿨다.
느낌이나 생각	안중근도 어렸을 때는 놀기를 좋아했다니 친근감이 들었다. 게다가 고집 세고 급한 성질은 나와 닮은 것 같다. 어쩌면 그런 성격 덕분에 큰일을 할 수 있었던 게 아닌가 싶다. 그러면 나도 성격을 좋은 쪽으로 키워 가면 큰일을 할 수 있지 않을까 하는 생각이 들었다.

(2)

기억에 남은 부분	을사조약이 체결되어 우리나라는 일본에 외교권을 빼앗겼다. 안중근은 나라를 되찾으려면 교육에 힘써야 한다고 생각했다. 그래서 물려받은 재산으로 학교를 세웠다. 그리고 학교 운영 자금을 마련하려고 회사를 세웠으나 일본인의 방해로 손해만 본 채 문을 닫았다.
느낌이나 생각	

(3)

기억에 남은 부분	
느낌이나 생각	

(4)

기억에 남은 부분	
느낌이나 생각	

(5)

기억에 남은 부분	
느낌이나 생각	

(6)

기억에 남은 부분	
느낌이나 생각	

4 인물 이야기 독후감 쓰기

다음은 나라가 쓴 인물 독후감입니다.

'독립을 위해 목숨을 바친, 안중근'을 읽고 ···· 제목

해남 땅끝 초등학교 ···· 학교

5학년 5반 한나라 ···· 학년, 반, 이름

안중근은 우리나라 독립운동가다. 일제 강점기에 학교를 세워 인재 양성에 힘썼고, 의병대를 이끌고 일본군과 전투를 벌였다. 그리고 우리나라 침략의 우두머리인 일본군 장교 이토 히로부미를 암살했다.

처음

(인물에 대한 소개)

안중근은 1879년 황해도에서 태어났다. 몸에 일곱 개의 점이 있어 어렸을 때는 응칠이라 불렸다. 다섯 살 때 〈천자문〉을 뗄 만큼 영리했지만, 공부보다 전쟁놀이나 사냥을 더 즐겼다. 열여섯 살에, 고집 세고 급한 성질을 가라앉혀 진득하게 뿌리를 내리라는 뜻의 중근으로 이름을 바꿨다. 안중근도 어렸을 때는 놀기를 좋아했다고 하니 친근감이 들었다. 게다가 고집 세고 급한 성격은 나와 닮은 것 같다. 어쩌면 그런 성격 덕분에 큰일을 할 수 있었던 게 아닌가 싶다. 그러면 나도 내 성격을 좋은 쪽으로 키워 가면 큰일을 할 수 있지 않을까 하는 생각이 들었다.

가운데 ①

(기억에 남은 부분 ①

+

느낌이나 생각)

을사조약이 체결되어 우리나라는 일본에 외교권을 빼앗겼다. 안중근은 나라를 되찾으려면 교육에 힘써야 한다고 생각

했다. 그래서 물려받은 재산으로 학교를 세웠다. 그리고 학교 운영 자금을 마련하려고 회사를 세웠으나 일본인의 방해로 손해만 본 채 문을 닫았다. 나라면 물려받은 재산을 나라를 되찾기 위해 쓸 수 있었을까? 아마도 그러지 못했을 것이다. '나라'와 '나'를 하나로 생각하는 안중근을 보며, '나만 잘살면 된다'라고 생각한 나의 이기심이 부끄럽게 느껴졌다. 나라가 없으면 나도 이 땅에서 자유롭게 살 수 없는데 말이다.

가운데 ②
(기억에 남은 부분 ②
+
느낌이나 생각)

　이토 히로부미가 하얼빈에 방문한다는 기사를 보고 안중근은 그곳으로 향했다. 이토 히로부미가 하얼빈 역에서 내리자, 안중근은 단번에 그를 알아보고 총으로 쏘았다. 곧이어 러시아 군인들이 달려들었다. 하지만 안중근은 도망치지 않고 두 팔을 높이 들어 '대한 독립 만세'를 외쳤다. 안중근은 정말 용감하고 당당하다. 이토 히로부미를 저격하고 나서, 달려드는 러시아 군인들을 보고도 도망치지 않고 만세를 불렀다. 나라면 그런 상황에서 도망칠 궁리부터 했을 것이다. 개인의 이익보다 늘 조국과 동포를 먼저 생각하는 안중근 의사가 정말 존경스럽다.

가운데 ③
(기억에 남은 부분 ③
+
느낌이나 생각)

　나라를 위해 목숨을 바친 안중근 의사를 생각하면 가슴이 뭉클해진다. 손가락까지 잘라가며 독립을 맹세한 안중근 의사의 숭고한 희생 정신이 헛되지 않도록, 나도 나라 사랑하는 마음을 키워야겠다.

끝
(전체적인 느낌)

(1) 나라가 쓴 독후감을 참고하여, 앞에서 읽은 '안중근' 이야기로 인물 독후감을 쓰세요. 처음과 끝 부분은 나라가 쓴 것을 옮겨 적어도 좋습니다. 가운데 부분은 136~138쪽에서 쓴 것 가운데 세 개를 골라 쓰세요.

(2) 여러분이 읽은 인물 이야기 가운데 하나를 골라 독후감을 쓰세요.

11과 과학 독후감

1. 과학 독후감이란?

2. 처음 부분과 끝 부분 쓰기

3. 공기, 물, 땅 그리고 사람

4. 과학 독후감 쓰기

1 과학 독후감이란?

과학책에는 여러 자연 현상의 원리와 그 현상이 일어나게 된 까닭이 이해하기 쉽게 담겨 있습니다. 주로 인체, 우주, 동식물, 환경 등에 관한 내용을 다루고 있습니다.

책은 종류에 따라 읽는 목적이나 방법이 조금씩 다릅니다. 읽고 난 후에 우리가 얻는 것도 다릅니다. 동화를 읽고 나면 재미를 느끼고 감동을 받습니다. 인물 이야기를 통해서는 주로 교훈을 얻습니다. 과학책에서는 지금까지 우리가 몰랐던 사실이나 지식을 배우게 됩니다.

과학책을 읽고 나서 그동안 몰랐던 것을 알게 되면, 우리는 놀라움을 느끼거나, 새로 알게 된 그 사실을 이용해 무언가를 해 보고 싶어 하거나, 또 다른 궁금증을 품게 됩니다. 이러한 내용으로 느낌이나 생각을 정리할 수 있습니다.

과학 독후감은 아래와 같이 세 부분으로 나누어 쓸 수 있습니다.

처음	책에 대한 소개	
가운데	새롭게 알게 된 사실 1 + 느낌이나 생각	가운데 부분은 두 개 ~ 네 개 정도로 씁니다.
	새롭게 알게 된 사실 2 + 느낌이나 생각	
	새롭게 알게 된 사실 3 + 느낌이나 생각	
끝	전체적인 느낌	

다음은 가은이가 쓴 과학 독후감입니다. 잘 읽고 물음에 답하세요.

'신비한 우리 몸'을 읽고

부산 동구 초등학교

5학년 4반 오가은

제목

학교

학년,반,이름

① 이 책은 우리 몸이 하는 일을 이해하기 쉽게 설명하고 있다. 또 우리가 어떻게 먹고, 자고, 걸어 다닐 수 있는지에 대한 원리도 함께 알려 준다.

② 신장은 혈액에 있는 노폐물을 걸러 내는 일을 한다. 걸러진 노폐물은 오줌으로 만들어 방광으로 보내고, 깨끗한 혈액은 심장으로 보낸다. 신장이 제 기능을 못하면, 노폐물과 독소가 우리 몸에 쌓인다. 신장 덕분에 내가 건강하게 살 수 있다는 생각이 들었다. 날마다 쉼 없이 내 몸의 노폐물을 걸러 주는 신장이 무척 고맙다. 신장이 건강을 유지하도록 음식을 골고루 먹고 운동도 꾸준히 해야겠다.

③ 피부색은 피부에 있는 색소의 양에 따라 다르다. 멜라닌이라는 색소가 많을수록 피부가 검고, 적을수록 하얗다. 텔레비전에서 피부색이 다르다는 이유로 차별받는 사람들의 이야기를 들은 적이 있다. 단지 색소의 양이 다를 뿐인데 그걸로 사람을 업신여기거나 차별하는 어리석은 행동은 하지 말아야 한다.

④ 잠은 휴식뿐 아니라 소화 흡수를 돕는다. 우리가 잠을 자는 동안에도, 섭취한 음식물이 소화 흡수되어 피가 되고 살이 된다. 또 어린이의 성장도 밤에 이뤄지며, 성인의 수염도 밤중에 자란다. 나는 자는 동안 몸이 쉰다고만 생각했지, 몸 안에서 이렇게 많은 일이 일어

나는지 몰랐다. 게다가 성장도 밤에 이뤄진다고 한다. 그렇다면 내 키가 작은 것도 밤늦게까지 자지 않고 불규칙적으로 생활하는 습관 때문일 수 있겠다는 생각이 들었다. ④

　책을 읽으면서 우리 몸이 얼마나 신비하고 과학적인지 알 수 있었다. 몸은 우리가 잘 살아갈 수 있도록 각자 맡은 일을 하고 있다. 앞으로는 열심히 일하는 몸에 감사하며 건강을 잘 보살펴야겠다. ⑤

(1) 책에 관해 소개한 부분을 찾아 번호를 쓰세요.

_____

(2) 독후감의 가운데 부분에 해당하는 것을 찾아 번호를 모두 쓰세요.

_____

(3) 전체적인 느낌을 쓴 부분을 찾아 번호를 쓰세요.

_____

2 처음 부분과 끝 부분 쓰기

(1) 처음 부분 – 책을 소개합니다.

> 이 책은 우리 몸이 하는 일을 이해하기 쉽게 설명하고 있다. 또 우리가 어떻게 먹고, 자고, 걸어 다닐 수 있는지에 대한 원리도 함께 알려 준다.

> 우리는 환경에 영향을 주기도 하고, 환경의 영향을 받기도 한다. 이 책은 우리가 어떻게 환경을 오염하고, 오염된 환경이 우리에게 어떤 영향을 미치는지 알려 준다.

(2) 끝 부분 – 책 전체에 대한 느낌이나 생각을 적습니다.

> 책을 읽으면서 우리 몸이 얼마나 신비하고 과학적인지 알 수 있었다. 몸은 우리가 잘 살아갈 수 있도록 각자 맡은 일을 하고 있다. 앞으로는 열심히 일하는 몸에 감사하며 건강을 잘 보살펴야겠다.

> 자연과 인간은 떼려야 뗄 수 없는 관계를 맺고 있다. 우리의 행동이 자연에 영향을 끼치고, 자연의 변화가 우리 삶에 영향을 준다. 그러니 앞으로는 자연을 아끼고 보호하며, 자연과 더불어 살도록 노력하겠다.

다음은 '공기, 물, 땅 그리고 사람'이라는 제목의 글입니다.

공기, 물, 땅 그리고 사람

지구에 공기와 물과 땅이 없다면 사람이 살아갈 수 있을까? 자연이 없으면 사람도 생명을 유지할 수 없다. 그런데 사람들이 숲을 파괴하고, 각종 오염 물질의 배출량이 늘면서 자연이 점점 병들고 있다. 자연환경의 훼손이 우리 삶에 끼치는 영향을 살펴보자.

공기와 사람

생명체는 공기가 있어야 숨을 쉰다. 그런데 산업이 발달하면서 공기가 오염되기 시작했다. 오염된 공기는 지구 온난화, 산성비, 스모그 현상 등과 같은 문제를 낳는다.

컴퓨터, 텔레비전, 자동차, 공장의 기계 등 현대의 발명품은 에너지를 사용해서 작동한다. 에너지는 대부분 석유, 석탄, 천연가스 같은 화석 연료를 태워 만든다. 그런데 화석 연료는 타면서 이산화탄소와 각종 오염 물질을 배출하여 대기를 오염한다.

오염된 공기는 지구를 뜨겁게 하여 기후 변화를 일으킨다. 여기에 적응하지 못한 생물들은 하나둘 멸종하고 있다. 또 기후 변화는 우리의 삶에도 영향을 끼친다. 기온·강수량 등이 바뀌어 재배할 수 있는 농작물이 달라지고, 계속된 가뭄으로 땅이 메말라 농작물 재배가 어려워지고 있다. 또 지구 온난화로 극

지방의 빙하가 녹아 바닷물의 높이가 올라가면 먼 훗날 땅이 바다에 잠겨 수 많은 사람이 살 집과 농사지을 땅을 잃게 된다.

산성비도 환경에 나쁜 영향을 미친다. 산성비란 석탄이나 석유 같은 화석 연료를 태울 때 나오는 이산화황이나 질소산화물 같은 오염 물질이 비, 눈, 안개 등에 섞여서 내리는 것을 말한다. 산성비가 내리면 땅이 오염되어 식물이 잘 자라지 못하고, 강과 호수에 사는 생물들도 피해를 본다. 실례로, 독일의 한 숲에 있는 나무들은 산성비로 대부분 말라 죽었고, 스웨덴의 호수에서는 산성비로 물고기가 떼로 죽었다.

이뿐이 아니다. 공기 오염의 하나인 '스모그 현상'으로 1952년, 런던에서는 4천여 명이 목숨을 잃었다. '스모그'는 공기 중의 오염 물질이 수증기와 합쳐져 안개처럼 뿌옇게 보이는 현상이다. 가정과 공장에서 사용한 석탄에서 아황산가스가 나와 안개와 섞여 스모그를 만든 것이다. 아황산가스의 독성 때문에 사람들은 숨을 쉴 수 없었고, 이로 인해 한 달 동안 4천여 명이 죽었다.

물과 사람

사람은 물 없이 살 수 없다. 그런데 우리는 소중한 물을 오염하며 살고 있다. 물을 오염하는 것에는 크게 세 가지가 있다. 우리가 쓰고 버린 생활 하수, 농장과 축사에서 흘러나오는 농축산 폐수, 그리고 각종 공장에서 쏟아내는 산업 폐수다.

생활 하수는 우리가 집이나 학교, 회사 등에서 쓰고 버린 물이다. 우리가 쓰는 샴푸와 린스 등의 합성 세제와 사람의 배설물, 음식물 찌꺼기 등이 물을 더럽힌다.

합성 세제에 오염된 물은 흐르는 과정에서 거품을 만든다. 이 거품은 햇빛

* 스모그: 도시의 매연을 비롯해 대기 속의 오염물질이 안개 모양의 기체가 된 것.

과 산소가 물에 들어가는 것을 방해한다. 그러면 생물들은 그 물속에서 살기 어려워진다. 합성 세제는 인간에게도 피해를 준다. 합성 세제에 오염된 강물로 농사를 짓기도 하고, 정화하여 수돗물을 마시기도 한다. 하지만 정화해도 독성이 완전히 없어지지 않을 수도 있다.

축산 폐수 또한 강과 땅을 오염한다. 경제가 발전하여 사람들의 고기 소비가 늘면서 축사가 많이 지어졌다. 그런데 예전에는 가축의 똥과 오줌을 비롯한 폐수를 정화하는 시설을 갖춘 축사가 많지 않았다. 그러다 보니, 가축의 배설물이 그대로 흘러들어 강을 오염하는 일이 발생했다. 축산 폐수로 오염된 물에서는 악취가 날 뿐 아니라, 해충도 많이 발생한다. 또 강물에 유기 물질이 크게 늘어 생물들이 물속에서 살기 어렵게 된다.

산업 폐수도 물의 오염 원인이다. 공장에서 물건을 만들 때 많은 물이 사용되는데, 공장에서 쓰고 버린 물에는 잔류성 유기 오염 물질이나 독성이 강한 중금속이 들어있는 경우가 많다. 산업 폐수를 정화하지 않고 강물에 버리면 이러한 오염 물질이 물속 생물의 몸에 들어간다. 그러면 먹이 사슬을 따라 다른 생물의 몸속에 쌓이고, 사람이 그 생물을 먹으면 사람의 몸속으로 들어간다.

1956년 일본에서는 중금속으로 인해 1만여 명이 알 수 없는 질병을 앓게 되었다. 미나마타 시에 있는 비료 공장에서 내버린 폐수 때문이었다. 수은이 들어 있던 폐수가 바다로 흘러들어 물고기와 조개류의 몸에 쌓였고, 이를 먹은 사람들도 수은에 중독되었다. 수은에 중독된 사람들은 언어 장애, 시각 장애

* 축사: 가축을 기르는 건물.
* 축산 폐수: 가축의 똥오줌, 축사를 씻은 물 등 가축 사육으로 발생하는 더러운 물.
* 전류성 유기 오염 물질: 자연환경에서 분해되지 않고 먹이 사슬을 통해 동식물의
　　　　　　　　　　　 체내에 쌓여 면역계 교란 등의 문제를 일으키는 물질.
* 중금속: 납, 카드뮴, 수은과 같은 인체에 해로운 금속.

등 심각한 신경 손상 증세를 보이며 수십 명이 목숨을 잃었다. 그 후, 수은 중독으로 생긴 이 병을 '미나마타병'이라고 이름 붙였다.

땅과 사람

우리는 땅 위에 집을 짓고, 땅에서 자라나는 곡식과 채소 등을 먹으며 살아간다. 그런데 우리가 농약을 사용하거나 수많은 가축을 기르면서 땅이 점점 오염되고 있다.

사람들은 해충이나 세균, 잡초 등을 없애기 위해 농작물에 농약을 뿌린다. 농약은 곡식을 해치는 벌레와 잡초 등을 없앤다. 하지만 땅을 기름지게 만드는 지렁이 같은 벌레들까지 오염하여, 그것을 잡아먹는 거미, 개구리와 뱀 등의 동물들도 함께 죽인다. 게다가 농약에 잘 견디는 벌레와 잡초들이 생겨, 사람들은 점점 더 독성이 강한 농약을 쓰게 되었다. 더 많은 농작물을 수확하기 위해 사용한 농약이 결국, 땅과 그 땅에서 자라난 농작물을 오염하고 사람을 비롯한 수많은 생명체를 위험에 빠뜨렸다.

육류 소비의 증가도 땅을 오염하게 한다. 육류 소비가 늘면서 세계 곳곳에서 가축을 많이 기르게 되었다. 그런데 가축을 사육한 땅은 점차 사막으로 변하고 있다. 들판에 풀어놓은 가축들이 땅을 파헤쳐 풀뿌리까지 먹어 치워 아무것도 남지 않았고, 가축들이 휩쓸고 간 들판은 수분을 잃고 단단해져서 더는 식물이 자라지 못하는 땅으로 변하고 있다. 자연을 회복하지 않는다면 우리가 살고 있는 땅도 언젠가는 사막으로 변할 수 있다.

인간은 편의를 위해 자연을 이용하고, 파괴했다. 그 결과, 인간의 삶도 서서히 파괴되고 있다. 이제 다시, 자연을 보호하고 생태계를 회복해야 한다.

빈칸에 '새롭게 알게 된 사실'이나 '느낌이나 생각'을 쓰세요.

(1)

새롭게 알게 된 사실	우리가 사용하는 컴퓨터, 텔레비전 등은 화석 연료를 사용해 만든 에너지로 작동한다. 그런데 화석 연료는 타면서 각종 오염 물질을 배출하여 공기 오염뿐 아니라 지구 온난화 현상까지 일으킨다. 그 결과 생물이 멸종하고, 빙하가 녹는 등 온갖 재난이 발생하고 있다.
느낌이나 생각	

(2)

새롭게 알게 된 사실	공기가 오염되면 산성비가 내린다. 산성비는 화석 연료를 태울 때 나오는 오염 물질이 비나 눈에 섞여 내리는 것이다. 산성비는 물과 땅을 오염하여 생물이 자라지 못하게 한다. 이 비로 독일의 한 숲에 있는 나무들은 대부분 말라 죽었고, 스웨덴의 한 호수에서는 물고기가 떼로 죽었다.
느낌이나 생각	

(3)

새롭게 알게 된 사실	샴푸, 린스 등 우리가 사용한 합성 세제로 물이 오염된다. 이렇게 오염된 물에는 햇빛과 산소가 들어갈 수 없어서 생물이 살지 못한다. 또 정화 과정을 거쳐 수돗물을 만들 때도 독성이 완전히 없어지지 않을 수 있다.
느낌이나 생각	

(4)

새롭게 알게 된 사실	공장에서 물건을 만들고 나서 버린 물을 산업 폐수라고 한다. 그런데 산업 폐수에는 독성이 강한 중금속이 들어 있는 경우가 많다. 1956년, 일본의 한 비료 공장에서 내버린 산업 폐수로 인해 수십 명이 수은 중독으로 목숨을 잃었다.
느낌이나 생각	

(5) 150~153쪽을 읽고 아래 표를 채우세요. 그중 하나는 '땅과 사람'의 내용으로 쓰세요.

새롭게 알게 된 사실	
느낌이나 생각	

(6)

새롭게 알게 된 사실	
느낌이나 생각	

4 과학 독후감 쓰기

 다음은 푸름이가 쓴 과학 독후감입니다.

'공기, 물, 땅 그리고 사람'을 읽고 ┄┄ 제목

제주 맑음 초등학교 ┄┄ 학교

5학년 1반 강푸름 ┄┄ 학년, 반, 이름

우리는 환경에 영향을 주기도 하고, 환경의 영향을 받기도 한다. 이 책은 우리가 어떻게 환경을 오염하고, 오염된 환경이 우리에게 어떤 영향을 미치는지 알려 준다.

┄┄ 처음
(책에 대한 소개)

우리가 사용하는 컴퓨터, 텔레비전 등은 화석 연료를 사용해 만든 에너지로 작동한다. 그런데 화석 연료는 타면서 각종 오염 물질을 배출하여, 공기 오염뿐 아니라 지구 온난화 현상을 일으킨다. 그 결과 생물이 멸종하고, 빙하가 녹는 등 온갖 재난이 발생하고 있다. 내가 컴퓨터를 사용함으로써 공기가 오염되고 지구 온난화 현상까지 일으킬 수 있다고 생각하니 섬뜩한 기분이 들었다. 내가 하는 작은 행동 하나가 환경에 영향을 끼칠 줄 몰랐다. 지구 환경을 지키기 위해 컴퓨터를 쓰고 나면 플러그를 뽑는 작은 일부터 실천해야겠다.

┄┄ 가운데 ①
(새롭게 알게 된
사실 ①
+
느낌이나 생각)

공장에서 물건을 만들고 나서 버린 물을 산업 폐수라고 한다. 그런데 산업 폐수에는 독성이 강한 중금속이 들어있는 경우가 많다. 1956년, 일본의 한 비료 공장에서 내버린 산업 폐수로 인해 수십 명이 수은 중독으로 목숨을 잃었다. 지금도 수많은 공장에서 물건을 생산하며 산업 폐수를 쏟아 내고 있다. 그렇다고 물건을 안 만들 수는 없다. 따라서 공장에서는 쓰고 버린 폐수가 정화되지 않은 채 강으로 흘러드는 일이 없도록 철저히 관리해야 한다. 또, 산업의 발달이 인간에게 재앙이 되어 돌아오지 않도록 개발에 앞서 환경 보호에 더 큰 관심을 기울여야 한다.

가운데 ②
(새롭게 알게 된 사실 ②
+
느낌이나 생각)

육류의 소비가 늘면서 세계 곳곳에서 가축을 많이 기르게 되었다. 그런데 가축을 사육한 땅은 사막으로 변하고 있다. 들판에 풀어놓아 기르던 가축들이 땅을 파헤쳐 풀뿌리까지 먹어 치웠기 때문이다. 그 결과, 들판은 단단해져 식물이 자라지 못하는 땅으로 변하고 있다. 나는 고기반찬을 무척 좋아한다. 하지만 그 때문에 환경이 파괴된다고는 한 번도 생각하지 못했다. 앞으로는 고기반찬만 먹으려 하지 않고 채소도 잘 먹겠다. 그것이 환경도 살리고 내 건강도 지키는 일이기 때문이다.

가운데 ③
(새롭게 알게 된 사실 ③
+
느낌이나 생각)

자연과 인간은 떼려야 뗄 수 없는 관계를 맺고 있다. 우리의 행동이 자연에 영향을 끼치고, 자연의 변화가 우리 삶에 영향을 준다. 그러니 앞으로는 자연을 아끼고 보호하며, 자연과 더불어 살도록 노력하겠다.

끝
(전체적인 느낌)

(1) '공기, 물, 땅 그리고 사람'을 읽고 독후감을 쓰세요. 처음과 끝 부분은 푸름이가 쓴 내용을 옮겨 적어도 좋습니다. 가운데 부분은 154쪽~156쪽에 쓴 것 가운데 세 개를 골라 쓰세요.

5 단계

2차 개정판

나의 생각 글쓰기

기초 문장력 향상의 길잡이

시서례

도서
출판

정답과 해설

- 본 책에는 답이 확실한 문제도 있지만, 그렇지 않은 것도 있습니다. 답을 자유롭게 쓸 수 있는 문제에는 예시 답안을 적어 놓았습니다.
- 본 정답지에 정답이나 예시 답안이 없는 문제는, 그 문제의 앞에 실린 글쓰기 설명을 참고하세요.
- 설명이 필요한 문제에는 답과 함께 도움말을 실었습니다.

1과 문장 만들기 7쪽

1.

(1) 회장은 마치 자기가 선생님인 것처럼 아이들에게 명령했다.

(2) 비록 실패를 거듭하더라도 포기하지 않고 도전하겠다.

(3) 현주는 아마 지금쯤 집에 도착했을 것이다.

(4) 만약 의사가 된다면 아프리카에 가서 의료 봉사 활동을 할 것이다.

(5) 틀린 문제는 반드시 다시 풀어 보아야 한다.

(6) 기분이 좋았다. 왜냐하면 목표로 한 책 5권을 다 읽었기 때문이다.

　제시된 문제들은 서로 짝을 이루어 사용되는 말입니다. 서로 어울리는 말을 써야 문장이 자연스럽습니다.

2.

(1) 세상에 절대 공짜라는 것은 없다.

(2) 수진이는 텔레비전을 전혀 보지 않는다.

(3) 상자가 무거워서 도저히 들 수 없었다.

(4) 아침부터 내리던 눈이 좀처럼 그치지 않는다.

(5) 탐이 나도 결코 남의 것을 훔치면 안 된다.

　'절대, 전혀, 도저히, 좀처럼, 결코' 등은 주로 뒤에 '아니다, 없다, 못하다' 등의 부정어와 함께 쓰입니다.

3.

(1) 우리나라에서는 생일에 미역국을 먹는다.

(2) 올여름에는 동해로 여행을 가기로 했다.

(3) 5월도 하루밖에 안 남았다.

(4) 나는 어머니와 함께 역전(역 앞)에서 할머니를 기다렸다.

(5) 이 영화는 안중근 의사의 일대기를 그렸다.

(6) 이번에 소개할 책의 제목은 〈며느리의 방귀〉이다.

(7) 설날에는 윷놀이를, 단오에는 그네뛰기를, 추석에는 강강술래를 주로 한다.

(8) 동해에서는 오징어, 명태 등이, 서해에서는 조기와 각종 조개류 등이, 남해에서는 멸치, 전복 등이 많이 난다.

　(7)번은 '주로 하고', (8)번은 '많이 나고'가 반복되어 쓰였습니다. 반복된 말을 피해 문장을 간결하게 씁니다.

2과 문단 쓰기 13쪽

1.

⑴ ①

⑵ ①

2.

⑴ 절기나 명절에 따라 먹는 음식이 다르다.

⑵ 놀부는 심술궂고 욕심이 많다.

⑶ 일회용품 사용을 줄이자.

⑷ 용돈을 아껴 쓰자.

⑸ 숲은 우리에게 도움을 준다.

3.

⑴ 대학생인 우리 고모는 정말 예쁘다.

⑵ 개구리는 나방, 거미, 메뚜기 등의 곤충을 먹는다.

⑶ 나는 작년에 부모님과 함께 바닷가로 놀러 갔다.

3과 원고지 사용법 19쪽

1.

⑴

			그	릇		만	들	기											
					대	구		조	은		초	등	학	교					
					5	학	년		6	반		신	나	라					
	학	교	에	서		오	지	그	릇	을		만	들	었	다	.		먼	저
진	흙	으	로		모	양	을		만	들	어		볕	에		말	렸	다	.

2.

⑴

	"	자	장	면	,	짬	뽕		중	에	서		뭐		먹	을	래	?	"
라	고		말	하	며		누	나	가		나	를		바	라	보	았	다	.
	"	음	…	…	.		나	는		둘		다		먹	고		싶	은	데 ? "
라	고		말	하	며	,	누	나	를		향	해		미	소		지	었	다 .
	"	알	았	어	.		그	럼	,		넌		둘		다		먹	어	. 대 신
	남	기	면		안		된	다	.	"									
라	고		말	하	는		누	나	는		정	말		천	사		같	았	다 .

대화 뒤에 '라고, 하고' 등으로 문장이 이어지면, 줄을 바꾸어 씁니다. 그리고 첫 칸은 비우지 않고 씁니다.

3.

(1) 표준 어는 한 나라의 표준이 되는 말이다.

(2) 예전에 어머니는 무척젊고 예쁘셨다.

(3) 할아버지께서 나를 아니 주셨다.

4과 편지 25쪽

1.

(1) ① 가은 ② 어머니

(2) ㉠

(3) ㉡

(4) ㉢

(3)㉡ '쑥스러워 어머니께 죄송하다고 말씀드리지 못했어요.'에서 알 수 있다.

(4) ㉢ '무척 속상하셨죠?'에서 알 수 있다.

2.

(1) 승리가 전학 오기 전, 학교에서 말썽을 일으켰다고 친구들에게 거짓말을 했다.

(2) 아이들이 자기보다 승리를 더 좋아한다고 생각하여 질투가 났기 때문에.

(3) 승리에게 사과 편지를 썼을 것이다.

(4) 친구가 나보다 시험을 잘 봐서 질투한 적이 있다.

(5)

승리에게

승리야, 나 은우야.

네게 사과하고 싶은 일이 있어.

승리야, 네가 전에 다녔던 학교에서 말썽을 많이 일으켜서 우리 학교로 전학을 왔다고 내가 친구들에게 거짓말을 했어. 친구들이 나보다 너를 좋아한다는 생각에 질투가 났어. 그래서 속상한 마음에 거짓말을 했어. 정말 미안해.

다음 날, 내가 한 거짓말이라고 솔직하게 말하려고 했는데 용기가 나지 않았어. 그러면 너뿐 아니라 모든 아이가 나를 싫어할 것만 같았어.

너는 아무 잘못이 없는데 이상한 소문이 나서 화도 나고 아주 속상했지? 더군다나 가장 친한 친구인 내가 그런 소문을 냈으니 얼마나 서운했겠니?

승리야, 내가 친구들에게 너에 대해 거짓말을 했다고 솔직히 말하고 용서를 구할게. 너도 내 사과를 받아 줄래?

20○○년 ○월 ○일
친구 은우가

(3), (4)번은 예시 답안입니다. 여러분의 생각과 경험을 바탕으로 자유롭게 씁니다.

1.

(1) 글감: ③

　중심 생각: ②

2.

(1) ① 약속, 믿음

　② 놀이터

　③ 동주

　④ 집, 기분

　⑤ 사과

　⑥ 친구, 약속

(2)

글감	농구를 하다가 민규를 밀쳐서 다치게 했다.
처음	① 민규와 내가 각각 주장이 되어 아이스크림 내기 농구 시합을 했다.
가운데	② 시합에서 이기고 싶은 마음에 민규를 밀쳤다.
	③ 민규가 많이 다치지 않았는지 저녁 내내 걱정이 되었다.
끝	④ 다음 날, 아침 일찍 민규네 집으로 가서 사과하였다.
중심 생각	친구와 지나치게 경쟁하거나 친구를 앞서려고 욕심내는 행동을 하지 않겠다.

3.

(1)

보	머리를 자르고 학교에 갔다. 준희가 내 머리를 보고 말했다.
	"머리 모양 바뀌었네? 너에게 잘 어울려. 예뻐."
	"정말? 난 이상한 것 같아서 걱정했는데……. 고마워"
	준희에게 대답하고 나는 활짝 웃었다.

(2)

형이 장난을 치다가 손으로 내 얼굴을 쳤다.
"아얏, 아프잖아! 멍이라도 들면 형이 책임질 거야?"
"어이구, 엄살은……. 살짝 스쳤을 뿐인데 뭘 그렇게까지 화를 내냐?"
오히려 형은 나를 구박했다.

(3)

봐	내가 제일 아끼는 초록색 모자가 아무리 찾아도 보이지 않았다.
	"언니, 내 초록색 모자 못 봤어? 저번에 언니가 쓰고 나갔잖아."
	"아, 그게……. 사실은 그날 잃어버렸어."
	언니는 내 눈치를 보며 말했다.

(4)

아버지께서 무섭게 나를 노려보셨다.
'으, 일찍 좀 들어올걸!'
나는 아무 말도 못 한 채 후회했다.

(5)

> 교실 창문에 빗방울이 똑똑 떨어졌다.
>
> '어쩌지? 우산 안 가져왔는데……. 비를 쫄딱 맞게 생겼네.'
>
> 나는 얼굴을 잔뜩 찌푸렸다.

(6)

> 거울을 보다가 누나에게 물었다.
>
> "얼굴에 여드름이 나서 속상해. 나 많이 이상해 보여?"
>
> "음……. 씨가 잔뜩 박힌 딸기 같다."
>
> 누나는 웃으면서 나를 놀렸다.
>
> '괜찮다고 말해 주면 어디가 덧나나?'
>
> 괜히 물어서 속만 상했다.

(7)

> "야, 이게 뭐야? 내 물건 만지지 말랬잖아!"
>
> 내가 아끼는 일기장을 동생이 엉망으로 만들어 놓아 화를 냈다. 그러자 동생이 큰 소리로 울기 시작했다. 그 소리를 듣고 어머니께서 달려오셨다.
>
> "하여튼, 누나라는 애가 동생 울리기나 하고!"
>
> '엄마는 아무것도 모르시면서……. 진짜 억울해!'

4.

(2)

> 집으로 돌아가려고 버스 정류장에 서 있는데 저만치에 검은색 물건이 떨어져 있었다. 지갑이었다. 나는 지갑을 주운 뒤에 주위를 두리번거리며 소리쳤다.
>
> "여기, 지갑 떨어뜨리신 분 계시나요?"
>
> 아무리 외쳐도 사람들은 관심 없이 지나쳤다. 지갑 안에는 5만 원이 들어 있었다. 그 돈이면 내가 갖고 싶었던 가방을 살 수 있었다.

(3)

> 버스가 도착했다. 나는 엉겁결에 지갑을 들고 버스에 올랐다. 빈자리에 앉고 나서야 내가 지갑을 들고 탔다는 생각이 번뜩 들었다. 가슴이 콩닥콩닥 뛰었다. 내가 한 행동을 누가 보았을까 봐 고개를 들 수 없었다.
>
> '어쩌지? 다시 가져다 놓을까? 아니야, 너무 늦었어. 그냥 모른 척하고 내가 가질까? 안 돼! 그건 도둑질이잖아. 잃어버린 사람은 얼마나 속상하겠어?'
>
> 집으로 향하는 내내 머릿속이 복잡하고 마음이 불편했다.

(4)

	버스에서 내려 경찰서로 달려갔다. 나는 경찰
관	아저씨께 주운 지갑을 드렸다. 지갑을 드리고
나	니 마음이 홀가분해졌다. 도둑 누명을 벗은 것
같	았다.
	경찰서를 나오며 앞으로는 절대 남의 물건을
가	져오는 짓은 하지 않겠다고 다짐했다.

52~53쪽은 대화나 혼잣말을 넣어 내용을 상세히 쓰는 것이 학습 목표입니다. 여기서는 상상력을 발휘하여 자세히 쓰는 연습을 합니다. 그러나 자신이 겪은 일로 생활문을 쓸 때는 사실을 바탕으로 내용을 자세히 씁니다.

6과 기사문 57쪽

1.

(1) 김은빈, 5월 26일, 경상남도 함양군 공설 운동장, 금메달

(2) 지역 태권도 대회, 우승

(3) 세 시간

(4)

누가	산들 초등학교 선생님들
언제	4월 1일부터 2주일 동안
어디에서	5학년 각 반 교실
무엇을	학생들의 인터넷 사용 실태 조사
어떻게	(설문지)를 통해 학생들의 (인터넷 사용 목적과 사용 분야, 인터넷 활용의 영향) 등에 대해 알아보았다.
왜	학생들이 (인터넷)을 바르게 이용하도록 (지도)하는 데 (자료)로 활용하기 위해서.

2.

(1)

평화 초등학교, '독서 골든벨' 대회 개회

경기도 평택의 평화 초등학교는 지난 10월 15일, 학교 운동장에서 5학년 학생을 대상으로 '독서 골든벨' 대회를 열었다. 이번 대회는 학생들이 학교에서 제시한 도서 두 권을 한 달 동안 읽은 뒤, 선생님들이 낸 문제를 맞히는 방식으로 진행되었다.

이번 '독서 골든벨' 대회는 학생들의 독서 능력을 점검하고, 독서를 장려하기 위한 목적으로 마련되었다.

'독서 골든벨' 대회에 참가한 강주은 학생은, "한 달 동안 두 권의 책을 읽어야 한다는 게 너무 힘들었어요. 하지만 책을 다 읽고 나니, 뭔가 해냈다는 성취감이 생겼고, 독서 퀴즈를 통해 책 내용을 더 잘 이해할 수 있게 되었어요. 이번 기회를 통해 책 읽는 재미를 조금은 느끼게 되어 기뻐요." 하고 말했다.

7과 설명문 63쪽

1.

(1) ① 우리나라의 전통 가옥은 '한옥'이다.

② 몽골에서는 '게르'라는 집을 짓는다.

③ 북극 지역의 사람들은 눈과 얼음을 이용해 집을 짓는다.

④ 베트남이나 태국 등 열대 지역에서는 물 위에 집을 짓기도 한다.

⑤ 세계 여러 나라 사람들은 그 지역의 기후와 재료에 따라 다양하게 집을 짓는다.

(2)

> 산간 지역은 높고 낮은 산들로 둘러싸인 곳이다. 사람들은 주로 약초, 버섯, 채소 등을 재배한다. 눈이 많이 오는 곳에 스키장을 세우는 등 자연을 이용한 관광 시설을 개발한다.

2.

(1) ① 상대방을 설득하기.

　　② 쓰지 않는다.

　　③ 뚜렷이 나타낸다.

　　④ 강하고 분명한 문장.

(2)

> 농구와 핸드볼은 공을 사용하는 운동 경기다. 둘 다 여러 명이 한 팀을 이루고, 전·후반으로 나누어 경기한다는 공통점이 있다.
>
> 차이점도 있다. 농구는 5명의 선수가 한 팀을 이룬다. 전·후반 20분씩 경기를 하며, 골키퍼는 없다. 반면, 핸드볼은 7명의 선수가 한 팀을 이룬다. 전·후반 30분씩 경기를 하며, 양 팀에 골키퍼가 한 명씩 있다.

아마추어 농구는 전·후반 각 20분씩 경기를 진행한다. 그러나 프로농구는 쿼터당 10분씩 총 4쿼터로 되어 있다. 1, 2쿼터가 끝나면 휴식 시간을 가진 후에 3, 4쿼터 경기가 진행된다.

3.

(1) ① 옹기

　　② 놋쇠를 녹여 만든다.

　　③ 목기

(2)

> 악기는 연주 방법에 따라 관악기, 현악기, 타악기로 나눌 수 있다. 관악기는 입으로 불어서 소리를 내는 악기로 대금, 피리 등이 있다. 현악기는 줄을 퉁기거나 활로 켜서 소리를 내는 악기로 가야금, 바이올린 등이 있다. 타악기는 손이나 채로 두드려서 소리를 내는 악기로 북, 탬버린 등이 있다.

4.

(1)

> 나무는 뿌리, 줄기, 잎으로 구성되어 있다. 뿌리는 나무를 지탱해 준다. 나무에 필요한 물을 흡수하고, 잎에서 만든 영양분을 저장한다. 줄기는 뿌리와 잎을 연결하며, 물과 양분을 이동한다. 잎은 광합성을 하여 나무에 필요한 영양분을 만든다. 또, 산소를 내뿜고 이산화탄소를 흡수한다.

(2)

> 시계에는 초침, 분침, 시침 세 개의 바늘이 있다. 초침은 초를 나타내는 바늘이다. 작은 눈금이 한 칸을 지날 때마다 1초가 흐른다. 초침이 시계 한 바퀴를 돌아 60초가 지나면 분침이 한 칸 움직인다. 분침은 분을 가리키는 바늘이다. 분침이 한 바퀴를 돌면 60분이 지나, 시침이 한 칸 움직인다. 시침은 시를 가리키는 짧은 바늘이다. 분침이 시계를 한 바퀴 돌면 한 칸 움직인다. 하루에 시계를 두 바퀴 돈다.

5.

(1)

슈바이처는 1875년 독일에서 태어났다. 처음부터 의사가 되기 위해 공부를 한 건 아니었다. 1899년 24살 때, 목사와 교수가 되어 활동했다. 그러나 1913년 의학 공부를 하고 의사가 되어 아프리카로 건너가 병원을 세우고 환자들을 보살폈다. 이런 공로를 인정받아 1952년 노벨 평화상을 받았다. 아프리카에서 원주민을 위해 평생을 바치며 살다가 1965년 아흔 살의 나이로 세상을 떠났다.

(2)

나비는 '알, 애벌레, 번데기, 성충'의 시기를 거쳐 성장한다. 짝짓기를 끝낸 암컷이 식물의 잎이나 가지에 알을 낳는다. 일주일 정도 지나면 애벌레가 알 껍질을 찢고 밖으로 나온다. 그러고는 껍질을 갉아 먹는다. 허물을 벗은 애벌레는 고치를 만들어 그 속에 산다. 이때 날개와 더듬이가 생기면서 점차 어른벌레의 몸이 되어 간다. 7일 정도 지나면 성충이 된다. 성충이 된 나비는 꽃의 꿀 등을 먹고 살아간다.

6.

(1) 혼화지 → 침전지 → 여과지 → 염소 살균실

(2)

옷이 우리에게 전달되기까지는 여러 단계를 거친다. 먼저 회사에서 여러 사람이 모여 회의를 한다. 어떤 옷을 만들지, 디자인이나 옷감은 어떻게 정할지 의견을 나눈다. 회의에서 결정된 내용으로 공장에 주문한다. 공장에서는 회사에서 주문한 대로 옷을 만든다. 회사는 완성된 옷을 도매 시장에 판다. 도매 시장에서는 완성된 옷을 대량으로 구매하여 소매상에 판다. 옷 가게 주인이 도매 시장에서 사 온 옷을 우리가 사서 입는다.

7.

(1)

물은 깨끗한 정도에 따라 4등급으로 나뉜다. 1급수는 가장 맑고 깨끗한 물로 먹을 수 있는 물이다. 버들치, 가재, 어름치, 열목어, 금강모치 등이 산다. 2급수는 수영이나 목욕을 할 수 있는 물이다. 피라미, 쏘가리, 은어, 다슬기 등이 산다. 3급수는 흙과 모래, 자갈이 섞인 탁한 물이다. 붕어, 잉어, 메기, 뱀장어 등이 산다. 4급수는 심하게 오염된 물로 물고기가 살 수 없다.

(2) ① 지구가 스스로 한 바퀴 도는 것.

② 23.5도 기울어진 상태로 하루에 한 바퀴씩 돈다.

③ 24시간.

(3)

> ## 공전
>
> 우리가 운동을 하듯이 지구도 '자전'과 '공전'이라는 운동을 하고 있다.
>
> 공전이란 지구가 태양 주위를 한 바퀴 도는 것이다. 지구는 약 23.5도 기울어진 채 자전하며 태양 주위를 돈다. 지구가 태양 주위를 한 바퀴 도는 데 걸리는 시간은 약 365일이다. 즉, 1년은 지구가 공전하는 데 걸리는 시간인 셈이다. 사계절이 생기는 까닭도 지구가 공전하기 때문이다. 우리는 지구가 공전하는 걸 느낄 수는 없지만, 계절이 바뀌는 것을 통해 알 수 있다.
>
> 지구는 이렇게 자전하면서 태양 주위를 공전하고 있다.

8.

(1) ① 에너지 자원을 얻는다.

　② 휴식처로 이용할 수 있다.

(2)

> ## 바다가 주는 이로움
>
> 바다는 우리가 살고 있는 지구 전체 면적의 약 70%를 차지할 만큼 넓다. 그래서 바다를 잘 이용하면 큰 이익을 얻을 수 있다. 우리가 바다를 이용해 얻는 이로움은 여러 가지가 있다.
>
> 바다에서 어류 자원을 얻는다. 바다는 많은 생명체의 집이다. 지구에서 살아가는 전체 생물 종의 90%가 바다에 살고 있다. 눈에 잘 보이지도 않는 박테리아부터 어마어마하게 큰 긴수염고래까지, 수많은 생물체가 거대한 생태계를 유지하고 있다.
>
> 바다에서 에너지 자원을 얻는다. 바다의 밑바닥에는 석유나 천연가스가 많이 묻혀 있다. 이것을 뽑아내어 우리 생활에 필요한 에너지로 쓸 수 있다. 또, 밀물과 썰물의 차이를 이용하여 전기를 얻기도 한다. 이것은 화력 발전소나 원자력 발전소와는 달리 오염 물질을 배출하지 않아서, 환경을 오염하지 않는다는 장점도 있다.
>
> 바다를 휴식처로 이용할 수 있다. 무더운 여름이 되면 사람들은 더위를 피하고 가족과 즐겁게 지내기 위해 바다로 떠난다. 바다에서 수영을 하거나, 보트를 타고 놀면서 휴가를 즐긴다.
>
> 우리는 바다를 이용해 많은 이로움을 얻는다. 그리고 앞으로도 바다를 잘 이용하면 더 많은 이로움을 얻을 수 있다. 이처럼 우리 생활에 큰 도움을 주는 바다는 무엇과도 바꿀 수 없는 소중한 보물이다.

1.

(1) ②

2.

(1) ④

(2)

주장 (승현)	학습 만화는 공부에 도움이 된다.
근거	원리를 재미있게 설명해 주어서 내용을 쉽게 이해할 수 있고, 상상력을 키우는 데도 도움이 된다.

(3) 시각장애인이 안내견과 함께 쫓겨나다시피 식당을 나갔기 때문에.

(4)

안내견을 동반한 시각장애인의 출입을 막는 행위는 법으로 금지하고 있다. 또, 안내견을 동반한 시각장애인의 출입을 막은 것은 장애를 지녔다는 이유로 차별하는 행위다.

3.

(1) 서론: ③ 본론: ② 결론: ①

(2)

서론	선의의 거짓말은 해도 된다.
본론	① 선의의 거짓말은 좋은 결과를 가져오기도 한다. ② 선의의 거짓말은 남을 배려하는 마음에서 하는 것이다.
결론	선의의 거짓말을 해도 된다고 생각한다.

서론	선의의 거짓말은 하면 안 된다.
본론	① 선의의 거짓말로 인해 나쁜 결과가 발생할 수 있다. ② 선의의 거짓말을 하다 보면 습관이 되어 나쁜 거짓말도 하게 된다.
결론	선의의 거짓말을 하면 안 된다고 생각한다.

선의의 거짓말은 하면 안 된다

'선의의 거짓말'은 다른 사람을 위해서 하는 거짓말이다. 하지만 '선의의 거짓말'이라도 하면 안 된다고 생각한다.
 	
   선의의 거짓말로 인해 나쁜 결과가 발생할 수 있다. 선의로 한 거짓말이라도 상대가 나를 속였다는 사실을 알게 되면 불쾌할 수 있다. 그로 인해 상대방과 사이가 멀어질 수도 있다.
 	
   선의의 거짓말을 하다 보면 습관이 되어 나쁜 거짓말도 하게 된다. '바늘 도둑이 소도둑 된다'라는 속담처럼 처음에는 좋은 의도로 시작했더라도 계속해서 거짓말을 하다 보면 습관이 된다. 그러면 남에게 해로움을 주는 거짓말까지 거리낌 없이 할 수 있다.
 	
   그러므로 선의의 거짓말을 하면 안 된다고 생각한다.

   예시 답안에는 '선의의 거짓말은 하면 안 된다'라는 주장의 글만 제시해 놓았습니다. '지은, 정인'의 의견을 정리하면 '선의의 거짓말은 해도 된다'라는 주장으로 논설문을 쓸 수 있습니다.

(3) ⓒ 홍길동은 벌을 받아야 한다.

홍길동은 사회 질서를 깨뜨렸다. 분명 나쁜 일을 저지른 관리들의 잘못은 크다. 그렇지만 홍길동 개인에게는 그들을 처벌할 권리가 없다. 탐관오리들에 대한 처벌은 나라에서 해야 한다. 그럼에도 그들의 잘못을 직접 바로잡으려 한 것은 사회 질서를 깨뜨린 행동이다.

ⓛ 홍길동은 벌을 받으면 안 된다.

홍길동은 자신을 희생해 백성들에게 희망을 주었다. 탐관오리들의 횡포와 약탈로 백성들은 힘든 삶을 살아야 했다. 이러한 상황에서 백성들은 홍길동으로 인해 조금이나마 희망을 품었을 것이다. 홍길동은 백성들에게 희망을 준 영웅과 같은 존재라고 할 수 있다.

(4)

서론	홍길동은 벌을 받아야 한다.
본론	① 법을 어기고 남의 물건을 훔쳤다. ② 사회 질서를 깨뜨렸다.
결론	홍길동은 벌을 받아야 한다.

서론	홍길동은 벌을 받지 말아야 한다.
본론	① 자신이 아닌 가난한 백성을 위해서 한 행동이다. ② 자신을 희생해 백성들에게 희망을 주었다.
결론	홍길동은 벌을 받지 말아야 한다.

(5)

> ### 홍길동은 벌을 받아야 한다
>
> 홍길동은 백성을 괴롭히는 탐관오리들의 재물을 훔쳐 가난한 사람들에게 나눠 주었다. 이러한 홍길동의 행동은 벌을 받아야 한다고 생각한다.
>
> 홍길동은 법을 어기고 남의 물건을 훔쳤다. 비록 가난한 백성을 돕기 위해서였다고 해도, 나라에서 정한 법을 어기고 남의 물건을 훔친 행동은 정당하지 않다.
>
> 홍길동은 사회 질서를 깨뜨렸다. 분명 나쁜 일을 저지른 관리들의 잘못은 크다. 그렇지만 홍길동 개인에게는 그들을 처벌할 권리가 없다. 탐관오리들에 대한 처벌은 나라에서 해야 한다. 그럼에도 그들의 잘못을 바로잡으려 한 것은 사회 질서를 깨뜨린 행동이다.
>
> 이러한 까닭으로 홍길동은 벌을 받아야 한다고 생각한다.

예시 답안에는 '홍길동은 벌을 받아야 한다'라는 주장만 정리해 놓았습니다. 94~95쪽의 (3)번 내용을 참고하여 '홍길동은 벌을 받으면 안 된다'라는 주장으로도 논설문을 쓸 수 있습니다.

5.

(1) 요즘은 초등학생의 절반 이상이 스마트폰을 사용하고 있다. 그런데 교내 스마트폰 사용 여부에 대해 학생들의 의견이 엇갈리고 있다. 스마트폰 사용은 이로움보다 해로움이 크다. 따라서 학교에서 스마트폰을 사용하면 안 된다고 생각한다.

(2) 학교에서 스마트폰을 사용하면 공부에 방해가 된다. 스마트폰을 사용하게 하면 수업 시간에 게임이나 메신저 등을 하는 아이들이 생겨 수업에 집중을 못 하게 된다. 또 수업 중에 스마트폰이 울리면 다른 아이들이 공부하는 데에도 방해가 된다.

(3) 스마트폰을 많이 사용하면 건강이 나빠질 수 있다. 구부정한 자세로 오랫동안 스마트폰을 보면 시력이 나빠지거나 어깨와 목이 뭉쳐 통증이 발생할 수도 있다. 또, 목이 거북이처럼 앞으로 구부러지는 거북목 증후군을 앓을 수도 있다.

(4) 학교에서 스마트폰을 사용하면 친구들과 어울릴 기회가 줄어든다. 학교는 친구들과 함께 공부하고 어울려 놀 수 있는 곳이다. 그런데 학교 안에서도 스마트폰을 사용한다면 게임을 하거나 인터넷 방송을 보느라 친구들과 어울리지 않게 되어 사이가 멀어질 수 있다.

(5) 이런 까닭으로 학교에서 스마트폰을 사용하지 못하게 해야 한다. 스마트폰은 학교를 벗어난 공간에서 필요한 때에 적절히 사용하자.

6.

(1)

서론	우리가 쓰고 버린 일회용품으로 인해 여러 문제가 발생하고 있다.
본론	해양 생물이 죽어간다. 환경이 오염된다.
결론	일회용품 사용을 줄이는 것은 환경 오염을 막고 지구를 살리는 일이다.

(2)

일회용품 사용을 줄이자

일회용품이란 한 번만 쓰고 버리는 물건이다. 우리가 자주 쓰는 일회용품에는 종이컵, 나무젓가락, 생수병, 일회용 수저, 일회용 마스크 등이 있다. 그런데 이러한 일회용품 사용으로 인해 여러 문제가 발생하고 있다. 따라서 우리는 일회용품 사용을 줄여야 한다.

일회용품 쓰레기 때문에 해양 생물이 죽어 간다. 바다거북을 비롯한 해양 생물이 우리가 버린 페트병이나 비닐봉지 등을 먹이로 잘못 알고 먹어 생명을 잃는 경우가 발생하고 있다.

환경이 오염된다. 일회용품 쓰레기는 땅속에서 썩는 데에 오랜 시간이 걸린다. 비닐봉지는 20년, 플라스틱은 500년이 필요하다. 또 이것들을 묻으면 환경 호르몬을 내보내 땅이 오염되고, 불에 태우면 독성 물질을 내뿜어 공기가 오염된다.

이처럼 우리가 쉽게 쓰고 버린 일회용품으로 다른 생물이 죽거나 환경이 오염된다. 일회용품 사용을 줄이는 일은 환경 오염을 막고 지구를 살리는 일이다. 사람과 동식물 모두 살기 좋은 지구가 되도록 일회용품 사용을 줄이자.

7.

(1)

서론	기념일 문화에는 여러 문제점이 있다.
본론	1. 경제적인 비용이 많이 든다. 2. 친구 사이가 나빠질 수 있다. 3. 우리 고유의 기념일을 잊게 한다.
결론	각종 기념일 문화는 이득보다 손실이 많다.

(2)

○○데이는 필요하지 않다

요즘은 각종 기념일이 많다. 밸런타인데이, 화이트데이, 빼빼로데이 등의 기념일이 되면 친구들끼리 선물을 주고받는다. 그런데 이러한 기념일 문화에는 여러 문제점이 있다.

경제적인 비용이 많이 든다. 기념일에 사탕이나 과자 등을 사서 친구들에게 나눠 주려면 큰돈이 필요하다. 그러다 보니 부모님께 부탁하거나, 모아 둔 용돈을 모두 선물을 사는 데 쓰는 상황이 생긴다. 결국, 용돈이 많지 않은 학생들에게 기념일은 스트레스가 되고, 정작 돈이 필요할 때에 쓰지 못하는 상황이 발생할 수 있다.

친구 사이가 나빠질 수 있다. 기념일에 주로 친한 친구들끼리 선물을 주고받는다. 그러다 보니 선물을 받지 못해 소외감을 느끼는 아이들이 생길 수 있다. 또 선물을 받았지만, 준비해 오지 못한 아이는 미안한 마음이 들기도 한다. 친구 관계를 원만히 하고자 만든 기념일이 오히려 친구를 소외시키고, 우정을 악화시키는 상황을 만들 수 있다.

우리 고유의 기념일을 잊게 한다. 2월 14일은 밸런타인데이일 뿐 아니라, 독립운동가 안중근 의사가 사형 선고를 받은 날이다. 11월 11일은 빼빼로데이만이 아니라 농업인의 날이기도 하다. 하지만 이 사실을 모르는 사람이 더 많다. 기업의 상술로 만든 기념일을 챙기느라, 우리는 나라를 위해 희생한 순국선열의 감사함과 우리 농민들의 노고를 잊고 있다. 무작정 기념일을 좇기에 앞서, 우리 고유의 기념일을 알고 그날의 의미를 먼저 생각해 봐야 한다.

이처럼 각종 기념일 문화를 들여다보면 이득보다 손실이 크다. 남이 만들어 놓은 기념일을 무작정 따르느라 무분별하게 용돈을 지출하고 친구를 소외시키기는 일은 없어야 한다. 그보다 우리 고유의 기념일을 바르게 알고 이를 계승 발전시키려는 자세를 지녀야 한다.

3.

(1) 어린 나이에 홀로 서울에 올라와 낮에는 일하고, 밤에는 공부하는 효남이가 대견했다. 게다가 새벽부터 일하느라 지치고 힘들었을 텐데 학업을 포기하지 않는 효남이를 보니, 부끄러운 마음이 들었다. 그러면서 걱정 없이 학교에 다닐 수 있게 해 주신 부모님께 감사했다.

(2) 어머니가 편찮으셔서 얼마나 걱정되었을까? 멀리 있어 가 보지도 못 하고, 돈이 없어 약도 못 드신다니 속상해서 잠도 못 잤을 것 같다. 효남이의 딱한 사정을 듣고도 돈을 빌려주지 않은 목장 주인이 너무 야박하다는 생각이 들었다.

(3) 목장 주인의 금시계가 없어졌다. 주인은 목장 안에 있는 사람들의 몸을 뒤졌다. 하지만 누구의 몸에서도 금시계는 나오지 않았다. 그러자 주인은 전날 돈을 빌려 달라고 했던 효남이를 의심했다.
　－ 자신의 금시계가 없어졌다고 일꾼들의 몸을 뒤진 목장 주인이 정말 나쁘다. 가난하다고 일꾼들을 함부로 대하는 것 같아 화가 났다. 게다가 돈을 빌리려 했다는 이유로 효남이를 도둑으로 의심하다니 너무했다. 어린 효남이가 얼마나 억울하고 속상했을까? 가진 게 없다고 사람을 업신여기거나 함부로 의심하면 안 된다.

(4) 효남이의 책상 서랍에서 주인아주머니의 금반지가 나왔다. 수득이에게 그 상황을 전해 들은 효남이는 변명이라도 해야겠다는 생각에 자리에서 일어나다 풀밭에 떨어진 전당표를 주웠다. 금시계를 맡기고 돈을 빌린 사람은 수득이였다. 효남이는 누명을 벗을 수 있다는 생각에 전당표를 들고 목장으로 뛰어갔다.
　－ 자신의 책상 서랍에서 금반지가 나왔다는 말에 얼마나 놀랐을까? 자신이 한 일도 아닌데 누명을 쓰게 되니 효남이는 무척 속상했을 것 같다. 그래도 수득이 이름이 적힌 전당표를 발견했으니 이제 도둑 누명을 벗을 수 있어 다행이라고 생각했다.

(5) 목장 주인을 찾아간 효남이는 자신이 금시계를 훔쳤다고 거짓말을 했다. 그러지 않으면 수득이네가 집에서 쫓겨날 처지였기 때문이다. 효남이는 자신보다 형편이 어려운 수득이를 위해 금시계를 훔쳤다고 거짓말을 하여 목장에서 쫓겨났다.
　－ 자신도 어려우면서 수득이네 형편을 먼저 생각한 효남이가 정말 대단하다. 나라면 그러지 못했을 것이다. 효남이는 다른 사람의 아픔도 자신의 아픔처럼 생각하고 배려한다. 그런 효남이를 보며 나만 잘살면 된다고 생각했던 내가 조금 부끄러웠다.

(6) 수득이는 효남이의 누명을 벗겨 주겠다고 결심하고 주인 부부에게 사실을 말했다. 주인 부부는 효남이를 찾아가 자신들의 잘못을 사과했다. 그리고 효남이네 식구들을 서울로 데려와 어머니는 병원에 입원시키고, 효남이와 효순이는 학교에 입학시켰다.
　－ 효남이가 누명을 벗어서 정말 기뻤다. 게다가 어머니는 치료를 받고 효남이와 동생은 학교에 다닐 수 있게 되어 정말 다행이었다. 효남이가 착하게 살아서 복을 받은 것 같다.

　－ 표시는 느낌이나 생각을 쓴 부분입니다.

3.

(2) 나라면 물려받은 재산을 나라를 되찾기 위해 쓸 수 있었을까? 아마도 그러지 못했을 것이다. '나라'와 '나'를 하나로 생각하는 안중근을 보며, '나만 잘살면 된다'라고 생각한 나의 이기심이 부끄럽게 느껴졌다. 나라가 없으면 나도 이 땅에서 자유롭게 살 수 없는데 말이다.

(3) 일본은 우리나라에 일본을 위한 각종 시설을 짓고 그 비용을 우리나라가 부담하게 했다. 그래서 나라 곳곳에서는 일본에 진 빚을 갚아 나라를 구하자는 '국채 보상 운동'이 일어났다. 안중근은 모금 운동에 참여를 권하는 연설을 하고, 부인과 친척에게도 값진 패물을 내놓게 하여 국채 보상 운동에 앞장섰다.

– 남의 나라에 마음대로 건물을 짓고 비용까지 부담하게 한 일본에 너무 화가 났다. 그리고 나라를 잃는다는 게 이토록 비참한 일이라는 것을 느꼈다. 그런 상황에서도 국채 보상 운동에 앞장선 안중근과 그의 가족들, 그리고 뜻을 함께한 국민이 존경스럽다. 그분들이 있었기에 우리가 지금 이렇게 잘 살고 있다는 생각이 든다.

(4) 안중근은 적극적으로 독립 투쟁에 나서고자 러시아 블라디보스토크로 향했다. 그곳에서 의병대를 만들고, 일본군과 싸웠다. 이 전투에서 안중근 부대는 승리를 거두고 포로까지 잡았다. 그러나 안중근은 포로들을 풀어 주었다. 국제법을 지키고 함부로 사람을 죽이면 안 된다는 생각에서였다.

– 안중근은 생명을 소중히 여기는 마음이 따뜻한 사람이라는 생각이 들었다. 나라면 포로를 풀어 준다는 건 생각조차 못 했을 것 같다. 오히려 포로를 이용해 적군의 상황을 알아보려고만 했을 것이다. 전투 상황에서도 법을 지키고 생명을 존중한 안중근의 순수한 마음에 감동했다.

(5) 안중근은 젊은 동지 열한 명과 비밀 조직을 만들었다. 그들은 목숨 바쳐 나라를 구할 것을 맹세하며, 손가락을 끊어 결의를 다졌다. 안중근이 먼저 왼손 넷째 손가락 한 마디를 잘라, 피로 태극기에 '대' 자를 썼다. 나머지 회원들도 손가락을 잘라 그 피로 '대한 독립' 글자를 완성했다.

– 나는 손가락이 살짝만 베어도 아파서 소리를 지른다. 그런데 안중근과 회원들은 손가락을 잘라가며 독립에 대한 결의를 다졌다. 잘린 손가락을 보며 조국의 독립을 위한 투지를 일깨우려 한 것일까? 자신을 희생하며 나라를 지키려 애쓴 안중근과 독립운동가들께 감사한 마음이 들었다.

(6) 이토 히로부미가 하얼빈에 방문한다는 기사를 보고 안중근은 그곳으로 향했다. 이토 히로부미가 하얼빈 역에서 내리자, 안중근은 단번에 그를 알아보고 총으로 쏘았다. 곧이어 러시아 군인들이 달려들었다. 하지만 안중근은 도망치지 않고 두 팔을 높이 들어 '대한 독립 만세'를 외쳤다.

– 안중근은 정말 용감하고 당당하다. 이토 히로부미를 저격하고 나서, 달려드는 러시아 군인들을 보고도 도망치지 않고 만세를 불렀다. 나라면 그런 상황에서 도망칠 궁리부터 했을 것이다. 개인의 이익보다 늘 조국과 동포를 먼저 생각하는 안중근 의사가 정말 존경스럽다.

1.

(1) ①

(2) ②, ③, ④

(3) ⑤

3.

(1) 내가 컴퓨터를 사용함으로써 공기가 오염되고 지구 온난화 현상까지 일으킬 수 있다고 생각하니 섬뜩한 기분이 들었다. 내가 하는 작은 행동 하나가 환경에 영향을 끼칠 줄 몰랐다. 지구 환경을 지키기 위해 컴퓨터를 쓰고 나면 플러그를 뽑는 작은 일부터 실천해야겠다.

(2) 산성비가 해롭다는 것은 알고 있었지만, 이렇게까지 무서울 줄은 몰랐다. 나무와 물고기가 죽을 정도이니, 무척 강한 독성 물질이 빗물에 녹아 있는 것 같다. 그런데 산성비가 내리게 된 까닭도 결국은 사람이 만들어낸 공해 때문이다. 공기 오염을 막지 않는다면 이보다 더 큰 재앙이 생겨날 것은 분명하다.

(3) 샴푸와 린스 등의 합성 세제는 우리가 날마다 쓰는 생활용품이다. 그런데 사람의 편리를 위해 쓰는 합성 세제 때문에 강물이 오염되고, 그로 인해 생명체가 살기 어려워진다고 하니 사용을 줄여야겠다. 또 학교에서 배운 대로 샴푸 대신 비누를 사용하는 방법도 실천하여 강을 살리는 데 보탬이 되고 싶다.

(4) 지금도 수많은 공장에서 물건을 생산하며 산업 폐수를 쏟아 내고 있다. 그렇다고 물건을 안 만들 수는 없다. 따라서 공장에서는 쓰고 버린 폐수가 정화되지 않은 채 강으로 흘러드는 일이 없도록 철저히 관리해야 한다. 또, 산업의 발달이 인간에게 재앙이 되어 돌아오지 않도록 개발에 앞서 환경 보호에 더 큰 관심을 기울여야 한다.

(5) 사람들은 해충이나 세균 등을 없애려고 농작물에 농약을 뿌린다. 그런데 농약은 해충뿐 아니라 땅을 기름지게 하는 벌레와 그 벌레를 잡아먹는 또 다른 동물까지 죽인다. 게다가 농약에 잘 견디는 벌레와 잡초가 생겨나자 더욱 독성이 강한 농약을 쓰게 되었다.

– 사람에게 이익일 것으로 생각하고 사용한 농약이 독으로 작용하고 있다. 요즘에는 농약을 쓰지 않는 자연 친화적인 농법이 다양하게 개발되고 있다. 그래서 마트에 가면 유기농이나 무농약 농산물을 쉽게 볼 수 있다. 우리가 친환경 농산물을 사는 것도 땅과 사람을 살리는 방법이라고 생각한다.

(6) 육류의 소비가 늘면서 세계 곳곳에서 가축을 많이 기르게 되었다. 그런데 가축을 사육한 땅은 사막으로 변하고 있다. 들판에 풀어놓아 기르던 가축들이 땅을 파헤쳐 풀뿌리까지 먹어 치웠기 때문이다. 그 결과, 들판은 단단해져 식물이 자라지 못하는 땅으로 변하고 있다.

– 나는 고기반찬을 무척 좋아한다. 하지만 그 때문에 환경이 파괴된다고는 한 번도 생각하지 못했다. 앞으로는 고기반찬만 먹으려 하지 않고 채소도 잘 먹겠다. 그것이 환경도 살리고 내 건강도 지키는 일이기 때문이다.